LES
RELIGIEUSES

PAR

RAOUL DE NAVERY

PARIS

C. DILLET, LIBRAIRE-ÉDITEUR

15, RUE DE SÈVRES, 15

1865

LES
RELIGIEUSES

LE MANS. — TYP. A. LOGER, C.-J. BOULAY ET Cⁱᵉ.

LES
RELIGIEUSES

PAR

RAOUL DE NAVERY

PARIS

C. DILLET, LIBRAIRE-ÉDITEUR

15, RUE DE SÈVRES, 15

1864

LES
RELIGIEUSES

I

Le couvent, situé sur une hauteur, dominait une petite ville ceinte de collines et arrosée par une rivière qui, dès l'équinoxe d'automne, débordait comme un Nil en miniature et se répandait sur des prairies basses, marécageuses, dont le foin haut et gras nourrissait des poulains capricieux et de belles juments.

Ce n'était point un couvent bâti à l'époque où l'ogive s'élançait vers le ciel avec les ardeurs mystiques de l'invocation, où les vitraux s'épanouissaient en roses au-dessus des portails sculptés, où les flèches avaient des hardiesses merveilleuses, où les poésies de l'artiste et les sentiments du chrétien se traduisaient en œuvres étranges, cachées sous de multiples symboles, et où la nature tout entière prêtait ses merveilleux modèles aux tailleurs de pierre.

Non ! c'était un bâtiment lourd d'aspect, à fortes murailles, à grands contreforts, fermé du côté de la ville, mais ouvrant toutes les fenêtres de ses cellules sur la campagne. La chapelle était surmontée d'une tour carrée, sans ornement, dans laquelle se balançaient deux cloches aux sons doux, métalliques, dont la voix semblait une sainte convocation à la prière et au travail.

Le terrain situé devant le monastère descendait en pente rapide vers la rivière. Il se composait d'abord de prés et de vignes fournissant, les uns, le foin des vaches laitières ; les autres, un petit vin aigrelet que l'on prétendait être aussi bon que le vin d'Anjou.

Une grande haie formée de seringas, d'aubépines doubles roses et blanches, d'ébéniers à grappes d'or et de cerisiers sauvages, séparait cette partie de terrain, du bois, dont la déclivité augmentait rapidement.

Le petit bois taillis était, au printemps, tout bleu de violettes ; en été, les petites filles ébréchaient leurs couteaux à fouiller la terre pour y découvrir des racines de *Jeannottes*.

Un sentier conduisait du *Petit bois* au *Grand bois;* celui-ci avait l'ombrage de vieux chênes, de grands noyers, et étalait orgueilleusement son marronnier gigantesques, sous le toit feuillu duquel toute la famille d'élèves pouvait aisément s'abriter.

Parfois l'on s'épouvantait fort en y trouvant des aiguilles de porc-épic, ou en s'imaginant que des *sourds* habitaient sous les racines des noyers séculaires.

Rien n'était plus charmant que de voir, en été, un essaim de jeunes filles disséminé dans les bosquets : les unes jouaient aux barres, celles-ci lançaient des volants, celles-là dansaient en chantant des rondes; les plus sages, les plus heureuses, causaient avec la maîtresse des classes, mère Sainte-Madeleine.

II

Mère Sainte-Madeleine avait vingt-sept ans.

Elle était d'une rare beauté, grave et sereine.

Quand elle souriait, et elle souriait rarement, c'était avec une expression de tristesse recueillie. Elle se mettait le plus possible à la portée des enfants qu'elle se trouvait appelée à diriger, mais on sentait qu'il lui en coûtait pour redescendre des hauteurs dans lesquelles planait son âme, pour s'occuper des choses de ce monde. Sa douceur était extrême, et cependant aucune des religieuses ne se faisait mieux et plus vite obéir. Son regard imposait, sa voix pénétrait ; une autorité intérieure, indéfinissable, surtout pour les enfants, émanait d'elle à l'insu d'elle-même.

Dans toutes les situations de la vie elle eut été une femme remarquable : grandie par la sainteté du cloître, illuminée par la contemplation, pâlie par l'austérité, transfigurée parfois par l'inspiration, elle était véritablement au-dessus, non pas seulement des autres femmes, mais au-dessus de son siècle.

Les grandes vues politiques de Catherine de Sienne, le lyrisme sacré de sainte Thérèse, les révélations des Mechtilde et des Gertrude, les simplicités de foi des Emmerich et des Marie d'Agréda, tout cela était en elle développé, dilaté, épanoui, ou mystérieusement caché dans les plis de son cœur.

Quand les autres religieuses lui parlaient, la déférence se trahissait par leur maintien comme par leurs paroles ; sa supériorité se manifestait en dépit de son humilité. Peut-être était-ce pour la soumettre à une épreuve qu'on l'avait placée à la tête du pensionnat. Jamais elle ne fit rien qui permit de deviner qu'elle souffrait de remplir la tâche ingrate d'enseigner à des enfants la grammaire, ou ce qu'on est convenu d'appeler la rhétorique.

Sa parole était claire, vive, imagée. Ce qu'elle disait, on le voyait.

Le pensionnat de X... jouissait de l'avantage d'être peu nombreux : une petite famille unie se pressait autour de la maîtresse et tenait à l'aise dans une salle d'étude, meublée de tables à pupitres et de bancs peints en noir.

Ceux qui parlent de la vie de couvent pour en médire et des religieuses pour les faire redouter, n'ont jamais été au fond de la signification de ces deux mots : le couvent, les *Religieuses!*

III

Une jeune fille élevée dans un couvent ne saura jamais être, dans l'avenir, absolument malheureuse.

Que l'enfant mette le pied dans cette arche, et la femme éprouvera toujours plus tard le besoin d'y chercher un asile.

Un couvent n'est ni une maison sombre que glace un silence habituel ; ni une école de mysticisme trop avancé dévorant de jeunes âmes ; ni un pensionnat dont les études sont moins fortes en raison de ce qu'elles sont plus morales. Le couvent est le second berceau de la jeune fille ; elle y trouve des mères aussi, mères prévoyantes et sages qui lui indiquent où se trouve le piége à éviter, anges gardiens à qui il ne manque que des ailes et qui lui enseignent la route du ciel.

Nous vivons dans un siècle démoralisateur ; nous tenterions en vain de le nier, l'évidence est là, et la démoralisation basée sur un luxe progressif, insensé, écrasant, envahit toutes les classes.

La jeune fille élevée au sein de frivolités élégantes

se laissera vite gagner par le charme léger de l'amour de la parure; ce soin ne tardera pas à absorber ses instants; il deviendra la préoccupation de sa vie. Elle n'aimera et ne cherchera que ce qui côtoie le plaisir, les arts qui mettent en évidence, les langues qui produisent le plus d'effet. L'éducation se trouve supprimée au profit d'une instruction de clinquant, hâtive et malsaine, qui réduit les jeunes filles à la condition de marionnettes agréables, et d'automates jouant couramment une variation sur le piano.

Sur le sable mouvant de cette instruction de parade, rien ne saurait échafauder la vie.

Quand la jeune fille se trouvera plus tard en face d'une résolution à prendre, d'un exemple à donner, d'un état à choisir, d'un devoir à remplir jusqu'au sacrifice, elle sentira son cœur faillir et sa résolution plier. Elle n'aura pas, ainsi que le prophète, mangé le pain qui fortifie; sa lampe sera sans huile; son âme, sans conviction; sa vie, sans levier.

On nous dira : l'on fait des chrétiennes ailleurs qu'au couvent !

Ici nous n'émettons pas seulement un doute, nous formulons une négation.

Sauf des exceptions rares, l'éducation de la famille est insuffisante.

Le nombre des mères qui s'oublient pour leurs filles est restreint. Ou le temps leur manque, ou la science leur fait défaut. Objectera-t-on qu'elles confient une partie de cette tâche à des institutrices, cela nous semble doublement pernicieux. La gouvernante, la demoiselle de compagnie, l'institutrice ne sont ni de bonnes maîtresses, ni des compagnes dont la société convient aux filles riches et devant jouir d'une haute position. La place qu'elles occupent dans la maison où elles dirigent une éducation est faite pour entretenir en elles toutes sortes de levains mauvais. Ce luxe qui les entoure leur fait trouver plus amer le pain d'une quasi-servitude. Les toilettes qu'elles envient et qu'elles admirent crispent leurs mains sur leurs modestes robes. Forcées par le besoin de mettre leur savoir et le fruit de pénibles travaux au service d'une enfant presque inévitablement gâtée, elles ne pourront jamais éprouver pour elle qu'un sentiment de jalousie amère d'autant plus grand qu'elles se trouveront davantage forcées de le contraindre.

Les gouvernantes, les institutrices n'appartiennent pas, ne peuvent pas appartenir à la famille.

Elles gênent et se sentent gênées.

Ce sont des excroissances sur un arbre.

Lisez les volumes de la littérature contemporaine dans lesquels les auteurs se sont attachés à reproduire ce type : *Alizia*, le *Journal d'une jeune fille pauvre*, le *Marquis de Villemer*, le *Roman d'un jeune homme pauvre*, *Sybille*, vous y verrez le même type souffrant, humilié, envieux : la même jeune fille, belle souvent, ambitieuse toujours, se demandant ce qu'elle a fait pour être la suivante en diplôme de cette nulle fillette dont le seul mérite est d'avoir un père millionnaire.

Nous regardons en France, à notre époque, et en raison de notre caractère, les institutrices comme une des plaies de la famille; une graine d'ivraie destinée à germer; une pomme de discorde lancée dans le foyer domestique.

Soyez sûr qu'elle se vengera de la position qui lui est faite en accaparant les amitiés des uns, les sympathies des autres, la pitié de tous. L'hypocrisie lui permettra d'emprunter toutes les formes; elle est jeune, elle prendra inévitablement de l'empire; puis, obligée de passer presque toutes ses journées avec les enfants, elle les détachera peu à peu de leur mère. Que de drames domestiques nés de ce seul mot : l'institutrice !

En Angleterre, en Allemagne, le danger est moins grand; et, il faut l'avouer, cela tient à ce que les mères sont plus réellement mères.

Elles ont une institutrice chargée d'enseigner le français à leurs filles, mais elles ne renoncent pas pour cela à former elles-mêmes leurs enfants à la vie pratique. L'étrangère est une aide dans la mission d'instruire, rien de plus.

Les Allemandes et les Anglaises sont les Cornélies du foyer. L'esprit intime s'est conservé chez elles. La coquetterie prenant moins de place dans leur existence, elles ont une large part de leurs journées à donner à leurs filles. Aussi, l'influence de cette éducation est énorme. On la veut partout et toujours. Les enfants ont de l'expansion parce que la mère a de l'indulgence. La vie intime profite à l'instruction sérieuse que le père achève le soir, au progrès dans les arts que l'on cultive en commun.

Avez-vous parfois songé au tableau charmant que devait présenter la famille de Mozart? Eh bien! en Allemagne, beaucoup d'intérieurs ressemblent à celui-là.

On dirait même que cette vie intime donne un caractère tout spécial à la tête, à la physionomie des jeunes filles allemandes; elles sont recueillies, rêveuses; les peintres de leur pays n'ont qu'à les regarder pour trouver de ravissants modèles de madone.

Et qu'on ne croie point que la race est tout. Non! l'éducation, les vertus paisibles de générations successives de femmes, embellissent, idéalisent, caractérisent et finissent par transformer complètement les types.

En France, la vie de famille s'en va.

C'est la faute du journalisme, des chemins de fer, des livres à bon marché, du luxe progressif. Nous marchons en avant! dit-on; peut-être, mais soyons sûrs que si nous continuons à courir vers l'avenir avec une vélocité aussi vertigineuse, nous trouverons forcément un abîme au terme de notre course.

Les jeunes filles de notre génération ne sont pas de vraies jeunes filles.

Les enfants perdent leur gaîté, leur franchise, leur naïveté d'allure; ils posent comme posent leurs parents : pour le nom, pour la parure. Et ce vice grandit en eux et avec eux.

La maternité et l'éducation ont passé, en France, par des phases successives. Pour ne pas remonter trop loin, nous voyons, au XVIIe siècle, la jeune fille oubliée au couvent par sa mère jusqu'à l'époque de son mariage. Le XVIIIe siècle remit la maternité en honneur; il devint de bon ton de songer à sa famille, et les sentiments vrais reprenaient leur véritable place quand la Révolution souffla sur la France. Si elle abattit beaucoup de têtes, si elle rompit des liens bien chers, si elle coûta trop de sang, elle eût du moins cet avantage d'effacer les derniers vestiges du faux, du convenu, de rendre les enfants à leurs mères, de réveiller dans les âmes épouvantées les notions naïves trop oubliées pour l'apparence.

Les prisons, l'exil, la pauvreté formèrent d'autres femmes, d'autres mères, d'autres filles.

Mais il faut convenir que ce changement heureux, ce progrès nécessaire et désiré n'a pas donné de fruits durables. Une rénovation, mais en mal, cette fois, s'est de nouveau produite.

Une sorte de fièvre s'est emparée des jeunes femmes.

La religion, dans le sein de laquelle les terreurs jettent les plus incrédules, est mise au second rang par un trop grand nombre de mères. Les progrès que les femmes ont fait dans la science et la littérature leur a persuadé qu'elles suffisaient pour instruire leurs filles.

C'est une grande erreur, et que chaque jour tend à rendre plus regrettable.

Plus nous avançons dans notre siècle, plus il devient

impossible à la mère de se faire l'institutrice de sa fille et de l'élever dans les hauts principes de la foi et de la morale.

Le monde dans lequel elle vivra est trop corrompu pour qu'il n'ait pas été nécessaire de bien tremper l'armure de sa vertu.

Si l'éducation de la jeune fille ne revient pas à la mère, et que l'institutrice en soit presque toujours indigne, à qui la confier?

Aux religieuses.

IV

Un couvent est tout un monde.

Celui de X... comprenait la communauté d'abord, ensuite le pensionnat, puis un bâtiment isolé, sombre, vieux comme les pauvres femmes qui, sous le titre de dames pensionnaires venaient y vivre leurs dernières années, ou plutôt y apprendre lentement à mourir; enfin la classe des *petites pauvres*, que les enfants riches regardaient d'un œil d'envie, car la plus grande joie qui leur fut donnée était d'en franchir le seuil pour faire de grandes distributions d'images et de gâteaux.

Il y avait bien encore dans le couvent les sœurs converses; natures douces, humbles, souriantes, accomplissant le rude labeur de la maison, en se souvenant que Zite, la servante, a une place sur les autels, que Marthe préparait les repas de Jésus, et que Marie, à l'heure où les paroles de l'Annonciation arrivaient à son âme, déclarait n'être que l'*Ancelle* du Seigneur.

Eh bien! en dépit de constructions magnifiques,

de jardins plus vastes, d'ordres religieux plus féconds en fondations, cet humble couvent, abrité par la châteigneraie, et qui mouillait ses pieds dans la rivière bleue, laissera dans le cœur de celles qui y ont vécu d'inaltérables souvenirs.

Achevons le portrait des religieuses.

La supérieure, mère Saint-Ambroise, était grande, trop grande même ; sa taille s'inclinait sans se voûter. Sa physionomie, très-ascétique, avait les tons jaunis des figures de Philippe-de-Champagne. Ses yeux souriaient comme ses lèvres, avec bonté, de ce sourire intérieur qui se reflète sur le visage et donne un attrait tout particulier. Il vient de l'âme, il arrive à l'âme. Elle était silencieuse. Quand elle venait chaque mois, au pensionnat, le jour de la distribution des récompenses, les élèves restaient respectueusement inclinées sous sa main qu'elle levait pour bénir. On sentait qu'elle avait le choix d'appeler et de faire descendre les faveurs du ciel ; mais elle ne dilatait pas les cœurs naïfs ; l'impression qu'elle produisait tenait à sa haute valeur personnelle. On peut se figurer ainsi les abbesses de Fontevrault, de Chelles, de l'Annonciade, grandes, saintes et historiques figures qui semblent prendre place tout de suite dans les pages du livre Éternel, et, vivantes, appartenir déjà à la légende des prédestinées.

Puis venait mère Saint-Ange, chargée de la leçon d'histoire. Elle était toute jeune, fraîche, rose, aimable, enseignait en riant les hauts faits des Romains et tentait de prouver aux jeunes filles qu'il est fort intéressant d'apprendre le nombre des guerres puniques. Quand elle voulait gronder une enfant paresseuse, elle n'y arrivait qu'à grand'peine et s'estimait heureuse qu'une des compagnes de la coupable implorât une grâce qu'elle brûlait d'accorder. Chaque semaine, en outre, elle faisait un cours de physique. Il ne comprenait que des éléments bien succints, mais enfin l'on savait, à la fin de l'année, quelle différence existait entre l'oxygène et l'azote. Les enfants aimaient beaucoup mère Saint-Ange.

La maîtresse d'écriture et d'arithmétique avait une figure mince, longue, en biseau, le teint marbré, le corps grêle, les mains maigres, la voix aigue ; on ne pouvait guère sympathiser avec elle. Ce n'était pas manque de bonté de sa part, non, elle avait l'âme aussi tendre que ses sœurs peut-être, mais le sourire manquait à ce visage ; presque toujours quelques punitions suivaient les cours qu'elle venait de présider.

Le jeudi seulement, mère Saint-Augustin s'occupait des travaux d'aiguille et des morceaux de chant que l'on préparait pour le dimanche. Quel charme elle possédait, bien qu'elle ne fût plus jeune ! Sa voix était une musique ; elle adorait les enfants ; quand elle les reprenait, elle était certes plus peinée que l'élève indocile. Sitôt que les enfants l'apercevaient, elles couraient à elle, en dépit du règlement, traversaient le grand corridor, ce qui était formellement interdit, l'embrassaient, perdaient le plus souvent le point de sagesse, et ne s'en trouvaient pas plus malheureuses pour cela : n'avaient-elles point embrassé mère Saint-Augustin.

Elle s'occupait encore de l'infirmerie, et la pensée d'être soignée par elle porta plus d'une fois les enfants à exagérer l'intensité d'un mal que sa bonté voyait toujours trop grave.

Telle était la physionomie générale du couvent; étudions maintenant celle du pensionnat.

V

Il ne se composait que de cinquante élèves; une famille; quatre classes se la partageaient.

La première comptait dix jeunes filles, dont l'aînée atteignait quinze ans.

C'étaient des filles de bonnes maisons, élevées avec soin, les unes fort riches, les autres dans une position de fortune médiocre, mais tenant toutes à la noblesse, élevées dans des traditions que rien ne remplace, et qui pouvaient se reconnaître dans le monde en quittant le pensionnat.

Il est rare qu'une maison d'éducation n'ait pas parmi ses élèves une créature à part, pire ou meilleure que les autres, mais tranchant vivement sur la foule.

Elle exerce un empire sérieux, indiscutable. On la consulte, on la redoute, on l'aime. La vénération se mêle à l'amitié. Si sa supériorité en effarouche quelques-unes, elle a sa coterie, sa phalange, ses thuriféraires. Son opinion fait autorité. Elle sait ce qu'il faut offrir à la fête de la supérieure ; ses compagnes la chargent de rédiger les discours, la supplient d'écrire quelques lettres difficiles, l'envoient plaider une cause grave, dont le résultat doit être une promenade, un congé, ou un travail exceptionnel qui se change en joie.

Un pensionnat privé de l'une de ces enfants est un corps sans âme, flasque, inintelligent.

Au couvent de X..., la plus influente des élèves était la plus jeune de la grande classe.

Elle avait nom Stylite.

C'était une enfant brune, mince, aux grands yeux d'un vert-bleu, à la voix d'une harmonie sonore, au sourire rare, à la sensibilité maladive.

Elle parlait peu ; sa timidité semblait excessive.

Les jeux bruyants l'effarouchaient.

Travailleuse à l'excès, elle employait la plupart de ses récréations à écrire dans la salle d'étude.

Si mère Sainte-Madeleine ne lui permettait pas cette claustration, elle marchait auprès d'elle, causant à voix basse, et ne manquant jamais d'amener l'entretien, d'une façon insensible, sur la vie religieuse, sur le bonheur des vocations mystiques.

Elle exaltait les élues de Dieu sans rien dire de son désir personnel. Son âme brûlait en dedans, consumant son enveloppe délicate. Dans cette enfant il y avait de l'ange. Rien de mauvais et d'impur ne ternissait cette neige. Tout était immaculé dans cette âme.

Sans connaître le monde, Stylite le haïssait ; elle entrevoyait le ciel !

VI

Cette enfant avait reçu une bizarre éducation première, ou, plutôt, elle n'avait pas reçu d'éducation.

Elle s'était formée seule. Seule elle avait trouvé sa voie, et la suivait alors, souriante, exaltée, avec les aspirations d'une martyre et les ardeurs d'une sainte.

Sa mère était jeune encore, belle, d'une façon grave et puritaine, avec des cheveux noirs magnifiques, des sourcils tracés par un pinceau chinois, une taille droite, mince, rigide. Elle gardait un grand air, sans fierté, imposait et n'attirait pas.

Sans manquer de beauté, elle manquait d'expression, le charme souverain de la bonté.

La fortune de la famille était modeste ; Stylite n'avait qu'un frère ; mais la prévoyance, poussée à l'excès, rendait sa mère inquiète, parcimonieuse même en vue de l'avenir.

Stylite ne comprenait pas la valeur du mot argent ; les menaces de cette phrase : Se faire une fortune ! Elle voyait son père affable, généreux, spirituel, nature ouverte, cœur d'or, intelligence d'élite, et elle se demandait pourquoi sa mère s'inquiétait, quand lui ne se tourmentait pas.

Il y avait une raison pourtant, une raison grave et recommandable à cette perpétuelle tourmente du cœur de la mère. L'aïeule de Stylite appartenait à la génération des femmes qui avaient frôlé de leurs robes de lampas l'échafaud de 93. Un de ses frères avait émigré ; l'autre, garde du corps de Marie-Antoinette, paya de sa vie son attachement à la cause royale. Beaucoup périrent noblement, obscurément dans leurs vieux domaines. La vicomtesse Raoul des E*** subit les angoisses de la persécution ; son mariage fut célébré dans une pauvre chambre, par un prêtre proscrit, qui courait danger de mort. La guerre des bleus la mit plus d'une fois en péril ; sa fille aînée fut baptisée dans une masure de Vendée, qu'elle habitait avec son héroïque mari. Elle ne mourut pas à la peine pendant ces luttes fratricides qui divisaient les Français en deux camps, et versaient le même sang dans les bruyères de Bretagne.

La paix fut rendue à la France, et l'on se souvient du mouvement et du bruit joyeux qui succédèrent à ces fusillades.

La vicomtesse était jeune, séduisante, elle possédait le prestige de l'héroïsme ; sa vanité en jouit excessivement. Sans devenir légère, elle se montra frivole. Elle se prit de passion pour les voyages, les dîners d'apparat, les grandes réceptions. Elle aima la parure, sans cesser pour cela de se montrer dévouée à son mari et bonne pour sa fille; mais, quand elle mourut, sa fortune s'était engloutie dans le gouffre de l'orgueil agrandi lentement, et son enfant n'avait plus que le mince héritage du vicomte son père.

L'existence factice de sa mère lui sembla non pas une faute, elle ne se permit pas de la juger, mais une erreur.

Elle en prit le contre-pied, exagéra son rigorisme, la simplicité de sa mise et l'économie qu'elle fit régner dans son intérieur, et vécut avec une pensée unique : l'avenir de ses enfants.

Ce qui était une qualité dégénéra en travers.

Il s'en fallait de bien peu qu'elle fut parfaite.

Avec quelques concessions et quelques sourires, elle eut rendu son mari et ses enfants heureux.

Elle eut le tort d'enfler sa dignité.

Quand on observe l'intérieur des ménages, on s'aperçoit que ce reproche peut être adressé à beaucoup de femmes.

Elles croient le rigorisme frère de la vertu.

Elles ne savent pas mettre sur leur chasteté fière le voile d'or de la condescendance.

Elles sont trop matrones romaines, pas assez femmes de l'Évangile.

On les admire beaucoup, il vaudrait mieux les aimer davantage.

Ce n'est point leur faute; elles ne se doutent même pas qu'elles perdent de leur charme et diminuent le bonheur des autres.

Leur tendresse est austère comme leur vie. Elles comprennent et pratiquent le devoir, sans le rendre aimable et cher à tous.

Ces Lia de la famille font regretter Rachel.

Fidèles à leurs maris, elles oublient que le prêtre leur a recommandé au même degré d'être *aimables*.

Convenons cependant que, malgré ce travers, ces femmes et ces mères sont dignes d'estime; que, si la société ne comptait dans ses rangs que des épouses semblables, elle ne serait pas aujourd'hui aussi malade, et ne nécessiterait pas des réformes aussi graves.

Madame des E***, respectée, honorée de tous, heureuse par son mari, satisfaite de sa position modeste, l'œil tourné vers l'avenir, voyait grandir Stylite sans la comprendre.

Cette enfant, douée de facultés prématurément développées, d'une intelligence rare, agrandie par la solitude, envahie par une souffrance inconnue, vague, dont elle-même ne se rendait pas compte, n'attirait point les baisers de sa mère, et c'était pourtant de ces baisers qu'elle avait besoin.

Elle avait l'âme frileuse, il eût fallu la couver.

VII

Elle sut lire sans l'avoir appris.

Ses doigts fins avaient une adresse merveilleuse. On la nommait la petite fée.

Silencieuse, recueillie, elle tenait toujours un ouvrage manuel quand elle ne lisait pas un livre.

La maison habitée par la vicomtesse était commode sans être vaste.

Dans la grande salle qui réunissait la famille, les fenêtres s'ouvraient dans des embrasures si profondes qu'il suffisait de baisser les rideaux pour en faire des cabinets de travail ou de lecture.

Stylite se retirait là.

Un gros livre posé sur une chaise, assise sur un tabouret bas, ayant à sa droite les hautes fenêtres du jardin, à travers lesquelles elle apercevait les lilas fleuris, les quenouilles des poiriers, toutes les belles et robustes fleurs qui se contentent du soleil pour s'épanouir, et ne demandent pas les factices chaleurs de la serre ; de l'autre, le rideau de mousseline blanche qui lui permettait de distinguer vaguement sa mère, traversant la longue salle d'un pas léger, la servante obéissant à quelque ordre donné à voix basse, ou son frère, chérubin à peine échappé de ses langes, qui se roulait à terre en poussant des éclats de rire.

Elle lisait quoi ? ce qu'elle trouvait.

Mais dans ce sanctuaire, grave, calme, pur, il n'y avait que des livres sérieux ; ceux qu'on achetait pour elle étaient choisis en prévision de l'instruction future.

Tout la poussait en avant : sa solitude, son silence, sa nature comprimée et souffrante.

Stylite était dévorée par un chagrin profond.

Nul ne le devinait à voir son visage placidement grave. Sans être envieuse ni jalouse, elle éprouvait une peine étrange, latente, perpétuelle, très-définie.

Son frère avait une de ces figures que l'Albane donnait à ses anges et Corrége à ses amours. Il était beau comme peu d'enfants le sont; et, avec cette beauté, il possédait la gaîté exubérente, la pétulance joyeuse, le charme, le rire, la caresse facile, l'activité sans trève. Il courait de son père à sa mère, prenant à l'une une caresse, à l'autre un baiser ; allant du sein de celle-ci aux genoux de celui-là ; mettant sa grâce et son rayonnement partout.

Stylite le regardait, l'admirait, et croyant qu'on le préférait en raison de sa beauté enfantine et réellement séraphique, elle disait dans son cœur avec une amertume désolée :

— Pourquoi ne suis-je pas belle !

La persuasion qu'elle était laide la rendait timide; de la timidité à la gaucherie, il n'y a pas loin. Croyant que ses caresses déplaisaient, elle se priva d'en faire. Ce qu'elle souhaitait dire de tendre, elle le retenait au moment où ses lèvres allaient le laisser échapper. La contrainte pesait sur elle, dénaturait son caractère, lui enlevait sa grâce et son abandon d'enfant.

On la crut boudeuse, elle n'était que triste.

On l'accusa d'être froide, elle n'était que malheureuse.

Elle fut morte de cette douleur âpre, continue, si une consolation suprême ne fut descendue en elle.

VIII

Le père de Stylite avait un emploi dans les finances, sa mère s'occupait activement du gouvernement de son ménage ; grâce à son humeur paisible, l'enfant n'ayant pas besoin d'être *gardée*, ne connut guère le contact de la domesticité.

Il lui suffisait d'avoir un livre pour être contente.

Le premier qu'on lui mit entre les mains fut l'*Ame élevée à Dieu*, par le père Bouhours, et le *Pensez-y-bien?* C'étaient, certes, deux ouvrages bien avancés pour cette petite créature de six ans ; n'importe, elle les lisait sans cesse, les lisait avec passion, et y puisait une soif de perfection chrétienne qu'elle poursuivit et posséda longtemps.

Un soir d'hiver, achevant auprès du feu la lecture d'une histoire japonaise racontant qu'à une époque où la religion chrétienne était proscrite au Japon, une famille s'affligeait dans la crainte que les enfants reniassent leur Dieu, vaincus qu'ils seraient par la douleur ; le plus jeune, pendant l'entretien de son père et de sa mère, faisait, en silence, rougir une barre de fer qu'il s'appliqua ensuite stoïquement sur la main, afin de prouver qu'il ne redoutait pas le martyre. Stylite imita cette tentative, et subit la même épreuve. Elle poussa un grand cri, cela est vrai; sa mère accourut, la pansa, mais Stylite n'avoua point dans quel but elle s'était fait une brûlure dont les traces ne devaient jamais s'effacer.

Ce fut ensuite la *Vie des Saints* qu'elle dévora.

Elle ne la lut que pour l'imiter.

Elle cherchait sans fin autour d'elle des instruments de torture. Un jour elle prit une chaîne de fer, la mit autour de sa taille, et la serra si bien qu'il fallut plus tard l'arracher de la chair vive.

L'argent de ses menus plaisirs était distribué aux pauvres.

Elle ne vivait que pour prier et pour s'instruire.

Le *Spectacle de la Nature*, de l'abbé Peluche, lui étant tombé sous la main, elle s'occupa, pendant ses promenades, à collectionner des insectes, à classer des herbes, à ramasser des cailloux; son frère devenait son aide-préparateur. Quand ils élevaient des oratoires, il priait auprès d'elle. Il l'aimait docilement, lui obéissait, et trouvant qu'elle inventait des jeux très-amusants ne refusait jamais de la seconder.

Stylite si sombre, si repliée sur elle-même quand elle se trouvait seule, changeait subitement de nature sitôt que des enfants de son âge la venaient voir.

En un instant, elle organisait un théâtre de carton,

et faisait jouer à des marionnettes des comédies improvisées. Des comédies! non pas : des tragédies, et des tragédies sacrées, car elle ne savait que l'Histoire-Sainte, ou bien des *mystères* comme au moyen-âge, en empruntant des traits charmants à la légende dorée.

Après ces petites fêtes, sa mère la complimentait, l'embrassait, et Stylite était heureuse.

Elle tenait de son père une grande mémoire, qu'il développait en l'exerçant.

A huit ans, elle eut un professeur de français.

Elle écrivait facilement, trop facilement ; on s'étonnait de la précocité d'idées qui meublaient cette tête rêveuse. Ce n'était que pendant les heures de travail qu'elle se sentait réellement elle-même.

Les années se passaient sans amener de changement dans sa vie ; sinon que, pensant davantage, elle souffrait encore plus.

Elle fit sa première communion dans la maison paternelle, et ne la regretta jamais, tant ce jour laissa de lumière sur toute sa vie. Elle eût souhaité mourir alors, Dieu ne le voulut pas! elle était prédestinée!

IX

L'année suivante, elle entra au couvent.

La mère, quoique sincèrement chrétienne, appréhendait de se séparer de sa fille. Il lui semblait que la confier aux religieuses, c'était la perdre.

Le jour où on la conduisit au parloir, mère Sainte-Madeleine remplaçait la supérieure ; Stylite sentait son cœur battre à se rompre.

Un de ses vœux les plus ardents allait être exaucé !

Mère Sainte-Madeleine réalisa subitement et complétement son rêve. Elle ressemblait à la vision entrevue. C'était bien là cette physionomie pâle, vaguement éclairée par le reflet des lumières intérieures. Quand la religieuse lui tendit les bras, Stylite s'y précipita avec une ardeur qui rendit sa mère jalouse. L'étreinte tendre et forte qui répondit à la sienne la remua jusqu'au fond du cœur.

Et lorsque mère Sainte-Madeleine lui demanda d'une voix harmonieuse :

— N'aurez-vous point peur de ma robe noire ?

Stylite se pressa contre elle en murmurant :

— Jamais, non, jamais !

Et elle fondit en larmes.

Sa mère crut qu'au fond elle se sentait secrètement effrayée de quitter sa famille et de voir retomber sur elle la lourde porte du monastère ; mais la vérité est que la jeune fille voyant s'ouvrir un coin de paradis, ne trouvait que des larmes pour manifester sa joie.

Le lendemain, elle franchit le seuil du couvent.

Nous avons oublié de dire que, fort jeune, elle avait expérimenté les pensionnats séculiers.

Un mois avait suffi pour qu'elle ne se sentît pas le courage d'aller plus avant. Elle s'attendait donc à la taquinerie des jeunes élèves, aux moqueries des grandes, et faisait des provisions de stoïcisme quand, après la messe dite à une heure matinale, elle se trouva dans la salle du réfectoire.

La *Nouvelle* devenait un événement.

Une grande la prévint, lui parla avec bonté, lui donna les conseils indispensables, la guida, s'empara de sa protégée pendant la récréation, et Stylite ne connut aucun des chagrins qu'elle redoutait.

Il y eut bien une réception dans la société du *Saint-Empire,* fastueuse parodie qui est aux écolières ce que le baptême de la ligne est aux marins ; mais Stylite se tira de cette difficulté avec grand honneur, et fut mise tout de suite au nombre des *grandes.*

Il le fallait bien ! En dépit de ses douze ans et de sa taille chétive elle ne faisait pas de fautes de français.

La grande classe fut un peu en rumeur. Cette *Nouvelle* qui se permettait de les dépasser en diverses parties de leurs études, leur semblait une petite personne assez curieuse; pas trop gaie, silencieuse, mais incapable d'écrire sa leçon sur son ongle, de souffler sans que la maîtresse s'en aperçut, d'élever convenablement des vers à soie et de savoir mettre de l'ordre dans son pupitre.

Comment Stylite l'aurait-elle pu?

Elle avait le double des cahiers nécessaires, plus de volumes qu'il n'était besoin, de gros livres à cacher partout. Elle faisait abus des cartes de géographie nécessaires à la compréhension de l'histoire; dépensait des crayons de tous les numéros; laissait là un croquis, ici une page inachevée; mettait un livre d'heures avec ses livres de classe, et tout cela formait un tel monceau que le pupitre ne fermant jamais, Stylite avait chaque jour *un mauvais point à l'ordre.*

Ce qui attira vers elle mère Sainte-Madeleine, ce fut sa tristesse persistante, son amour pour l'étude et sa ferveur.

Douée d'une excessive activité d'esprit, Stylite avait une paresse corporelle très-grande.

Elle ne prenait de plaisir à rien de ce qui faisait pousser des cris de joie à ses compagnes. Le règlement obligeant au mouvement, elle se promenait.

En marchant, elle parlait, timidement d'abord, puis elle s'animait et devenait d'autant plus éloquente qu'elle avait davantage comprimé ses élans.

Mère Sainte-Madeleine l'étudia longtemps, patiemment.

Ce qu'il fallait vaincre, avant tout, c'était une crainte devenue une seconde nature et capable d'atrophier les qualités les plus brillantes.

Cela était difficile.

Stylite redoutait jusqu'au regard de mère Sainte-Madeleine. Elle l'aimait tant !

Pauvre enfant! pour tous ceux qu'elle avait aimés jusque-là, elle avait semblé gênante; avec elle les angoisses de se voir méconnue persistaient.

Si, voyant mère Sainte-Madeleine assise, elle allait chercher un tabouret à l'extrémité de la classe, elle le lui plaçait sous les pieds maladroitement à force de trembler, et ses compagnes riaient !

Trouvait-elle des fleurs dans le jardin, elle en faisait un bouquet et le mettait sur le pupitre de mère Sainte-Madeleine qui, promenant un regard sur ses élèves, devinait que celle qui rougissait davantage avait eu cette pensée.

Un matin, le bouquet était splendide, les violettes de Parme n'eurent jamais de teintes plus douces, ni de parfums plus suaves; Stylite s'était, en cachette, glissée dans la classe pour le laisser sournoisement sur l'encrier de la maîtresse d'étude.

Quand mère Sainte-Madeleine arriva, elle vit les fleurs.

— Qui m'a apporté ces violettes? demanda la religieuse.

Tout le monde se tut.

— Un mauvais point à toute la classe si l'élève ne se nomme pas.

Stylite fut héroïque, elle se leva.

— C'est moi ! dit-elle.

Elle n'eut pas avoué un crime avec plus de honte.

— J'aurais dû le deviner, répondit mère Sainte-Madeleine, vous faites avec maladresse les choses les plus aimables... prenez garde ! elles perdent tout leur prix...

Stylite n'entendait déjà plus. Elle avait levé le dessus de son pupitre, et, abritée sous cette noire toiture, elle sanglotait.

Ce qu'on fit pendant la classe, elle n'en sut rien.

Lorsque son tour vint de réciter sa leçon, elle la dit machinalement, seulement parce qu'elle la savait.

La cloche sonna.

Les élèves se placèrent sur deux rangs ; Stylite ne bougea pas.

La maîtresse fit un signe, toutes les élèves défilèrent pour se rendre au réfectoire.

Mère Sainte-Madeleine et Stylite étaient seules dans la classe.

Alors mère Sainte-Madeleine appela, d'une voix douce :

— Stylite !

L'enfant rabattit son pupitre et montra son visage baigné de larmes.

— Venez ! dit la religieuse.

Stylite se leva et alla s'agenouiller sur la première marche de la chaire.

— Qu'avez-vous? demanda mère Sainte-Madeleine, voyons, mon enfant, qu'avez-vous?

Le cœur de Stylite fit explosion.

— Vous ne m'aimez pas! dit-elle, non, vous ne m'aimez pas!... Je travaille le mieux que je puis, cependant... Toutes les récompenses sont pour moi, pour moi aussi les premières places, mais à quoi cela me sert-il, malgré mon zèle, mon application, je n'arrive jamais à vous satisfaire, et si la classe entière est coupable d'une faute, que je l'aie ou non commise, c'est moi que vous punissez !

— Ingrate! dit mère Sainte-Madeleine, c'est que je vous préfère.

— Vous me préférez?...

— Ne faut-il pas le cacher à toutes... Quand je vous gronde, dites-vous que je vous aime! et travaillez encore, travaillez toujours, vous êtes l'espoir du pensionnat, ne l'oubliez pas.

Stylite baisa la main de mère Sainte-Madeleine; elle était transfigurée.

Le lendemain elle fit sur elle-même un prodigieux effort.

Elle cueillit un bouquet, et quand la classe fut commencée, elle le porta elle-même à mère Sainte-Madeleine, qui sourit.

A partir de ce jour, la glace qui recouvrait en apparence l'âme de Stylite fut rompue.

Elle entra complètement dans une phase de bonheur.

La vie du cloître la prit avec tous ses côtés splendides et purs ; elle ne se regardait pas seulement comme une élève, mais comme une future novice. Elle grandissait en enviant l'habit austère de celles qui la formaient à la vertu. Souvent, en passant dans les corridors ou dans le cloître à côté des religieuses, elle portait leur voile à ses lèvres. Elle possédait l'admiration, le culte du cloître. Tout l'y gardait, rien ne l'entraînait vers le monde. Elle devinait les froissements, les souffrances qu'elle aurait à subir ailleurs, tandis que dans cet asile une paix ineffable l'environnait. Quand elle devenait subitement triste, c'est qu'elle prévoyait la fin de son séjour au couvent, et qu'elle redoutait que sa mère mit des entraves à son désir d'embrasser la vie religieuse.

Une double vocation allait naître en elle.

Cette seconde, qui prenait peut-être sa source dans la première, ne devait être qu'une douleur de plus.

X

On ne devient pas, on naît poète.

A notre époque de matérialisme on rit de la poésie et l'on blasphème et raille cette langue cadencée, qui semble la seule possible pour parler à Dieu dans le lyrisme de l'âme. Stylite, à treize ans, entendait un vague écho des noms nouveaux de Hugo et de Lamartine.

On dictait aux élèves *Louis XVII, la Prière, Pour les pauvres, Dieu est toujours là*. Sans doute, les élèves, et même Stylite, malgré son intelligence, ne comprenaient point toutes les beautés de ces odes, toute la majesté de cette poésie. Mais quelque chose d'ému tressaillait en elles; le souffle de l'esprit glissait sur leurs fronts; elles retenaient ces vers harmonieux avec une facilité nouvelle. Un langage qu'on ne leur enseignait point au couvent leur était subitement révélé.

Stylite n'apprit jamais la poésie, elle en avait toujours fait.

De son enfance elle avait tiré une élégie désolée;

une harpe restait cachée dans son cœur. Quand elle se sentait plus triste que jamais, elle se retirait dans quelque massif du jardin, et improvisait des strophes qu'elle chantait ou qu'elle disait comme les mélopées antiques. Avant de connaître l'art elle devenait profondément artiste, artiste de sentiment, qui saisissait les ensembles, qu'un grand paysage impressionnait, qu'un beau tableau mettait en extase, qu'une poésie inspirée faisait pleurer.

Nature complète dans son impressionnabilité, mettant sur tout un reflet d'elle, ne voyant les autres qu'en les traduisant, prêtant à tous ce qui était dans son âme en tendresse, en dévouement, en sentiment du devoir.

Elle trouvait, tant son activité était grande, le moyen de mener de front dix travaux différents et multiples. Elle n'apprenait rien à l'heure convenue, ne faisait rien dans l'ordre apparent, se rebellait contre certaines exigences, établissait entre ces travaux des rapports qui les lui facilitaient et aidaient, par le raisonnement dont ils faisaient preuve, au développement de son intelligence.

D'un autre côté, elle n'admettait point la sécheresse de certaines études. Pour arriver à apprendre la géographie, elle refit des cours d'histoire énormes, ne trouvant aucun intérêt à répéter des noms de pays et de ville, comme un perroquet le pouvait faire. Les lieux ne frappaient son esprit qu'en raison de la scène qui s'y passait. La chronologie et l'histoire lui restituaient sur une carte, non pas seulement le pays topographique, mais encore l'aspect intelligent, la vision architecturale ; elle ne parvenait jamais à séparer ce que, dans l'instruction, l'on divise faute de logique. Il y aurait de grandes améliorations à apporter dans certaines parties des études. La routine étouffe si rapidement l'intelligence, et l'on fatigue la mémoire des enfants si vite et sans profit. Quand elle devait dessiner de souvenir une carte ancienne ou une carte moderne, il lui fallait des crayons de couleur pour l'illustrer, la mieux voir et la faire plus aisément comprendre. Elle prouvait de la sorte ce qu'elle avait retenu de zoologie et de botanique, car son crayon inhabile traduisait pourtant la forme des choses. Ses maîtresses regardaient, tout étonnées, ces compositions étranges, se demandant l'une à l'autre quelle place elles devaient accorder à une élève qui ne s'en tenait jamais à la lettre du programme.

On s'en remettait en dernier ressort à l'opinion de mère Sainte-Madeleine, qui répondait avec un sourire singulier :

— Mettez-là hors concours, nous n'avons point de place pour elle.

Et Stylite continuait à apprendre d'après sa méthode.

Il fallait bien qu'elle sortit de la routine et valut quelque chose, car la veille des compositions, les autres élèves demandaient, comme une faveur, de s'aller placer dans un angle de la classe et d'écouter là l'enseignement de Stylite qui raisonnait, pour elles, d'une façon précise et claire le sujet qu'elles devaient traiter le lendemain.

Ce qu'il y a de plus étrange, c'est que Stylite ne se trompait pas trop dans le double labeur qu'elle s'imposait.

A l'heure des dictées, elle avait deux cahiers devant elle. La maîtresse dictait des passages de Télémaque, par exemple :

« — *Les nymphes qui la servaient n'osaient lui parler, elle se promenait souvent seule sur le gazon fleuri, dont un printemps éternel bordait son île, mais ces beaux lieux, loin de calmer sa douleur...* »

Et tandis que les compagnes de Stylite écrivaient la phrase dite et répétée par la maîtresse, la jeune fille, qui possédait une rapidité de sténographe, trouvait le moyen d'écrire en plus, sur un autre cahier, la suite de la nouvelle qu'elle poursuivait avec une incroyable persévérance :

« — *En ce moment éclata un orage épouvantable; le chevrier éperdu appelant à lui son troupeau, se hâtait de regagner sa demeure ; les coups sourds du tonnerre se répercutaient dans la montagne...* »

Et Stylite continuait ainsi pendant une heure, sans interrompre sa dictée, sans brouiller son récit, sans faire trop de fautes sur l'un et l'autre cahier.

Nous ne conseillons cette méthode à personne, mais Stylite travaillait comme cela.

Une fois la nouvelle achevée, il fallait songer à

l'illustrer. Stylite n'était pas embarrassée pour si peu.

Elle s'enfermait le matin dans la salle de musique, et, au lieu d'étudier son piano, elle cherchait si quelques gravures de romances lui donnaient des motifs ; prenant un peu de chaque composition, elle arrivait à faire une illustration à la mine de plomb.

Mais que faire ensuite de l'œuvre composée avec tant de peine, au risque d'encourir tant de *pensums,* où cacher cette Nouvelle touchante ? Stylite devenait bien embarrassée et bien malheureuse avec ses manuscrits. Si on la découvrait elle serait grondée, punie ; si elle les gardait, son pupitre ne pourrait les contenir ; elle faisait acte d'un grand courage et les déchirait...

XI

Rien ne saurait prouver une conviction plus arrêtée, un besoin plus grand de produire, une source plus féconde d'imagination, une vocation plus vraie que cette persévérance qui lui faisait commencer le lendemain une œuvre nouvelle qui, pas plus que l'autre, ne serait vue; qui, avant de naître, était vouée à l'oubli. N'importe! produire, enfanter! ce bonheur réel des grands artistes la pressait, la dominait, la maîtrisait; et, au milieu du bourdonnement sourd des élèves répétant la phrase dictée pour ne pas l'oublier, du grincement des plumes sur le papier, de ces mille riens dont un seul suffirait pour troubler un écrivain sérieux, elle savait poursuivre sur ses deux cahiers le *devoir* et le labeur de l'imagination.

Jamais elle ne songea alors que César dictait trois lettres à la fois.

Mais la tranquillité de Stylite était trop grande.

Un malheur devait lui arriver.

Ce fut la poésie qui le causa.

Tant qu'elle se borna à écrire de la prose, tout alla pour le mieux. Mais un jour, tandis que les élèves achevaient une composition d'écriture, Stylite prit une page blanche, écrivit en titre : *La Mort d'Abel*, dédia cette œuvre à sa vieille amie de pension, et se mit à copier ou plutôt à improviser une cinquantaine de vers.

Elle ne s'apercevait pas que mère Saint-Claude était derrière elle.

— Donnez-moi cette feuille, lui dit-elle simplement.

Stylite crut que le plancher de la classe allait s'entr'ouvrir et que les entrailles de la terre la dévoreraient.

Elle obéit.

— Ce n'est pas tout, dit mère Saint-Claude, à cette heure-ci, mère Sainte-Madeleine est au dortoir, vous allez vous-même lui remettre cette feuille ; elle vous imposera telle punition qu'elle jugera convenable.

Stylite quitta la salle tremblante, éperdue.

Elle s'attendait à un châtiment exemplaire.

Pour arriver au dortoir, il fallait d'abord monter un large escalier de pierre, puis tourner le corridor sur lequel s'ouvraient les portes des cellules, et gravir un second escalier en bois.

Alors, on se trouvait en face d'une porte de chêne.

On entrait sans frapper.

Ce dortoir contenait quarante lits blancs, espacés, dont les rideaux montés sur des tringles disposées en carré, formaient de chacun une cellule blanche.

L'espace d'une chaise restait entre les rideaux et la cloison de sapin du lit voisin. Un bénitier se trouvait au-dessus de cette chaise.

A droite, des lavabos, des fontaines, une armoire dans laquelle on rangeait les peignes, occupaient les intervalles de quatre grandes fenêtres, dominant un horizon immense.

Le lit de la surveillante du dortoir se trouvait en haut, à la tête de la file de lits.

Une des plus grandes privations que l'on puisse imposer à une religieuse est la privation d'une cellule.

Dans ce dortoir encombré par les enfants, elle garde à peine la liberté du silence; sa méditation, sa prière peuvent à toute heure être troublées. Elle ne s'appartient plus. Il semble que ses entretiens avec Dieu sont écoutés par des tiers importuns.

Mère Sainte-Madeleine portait paisiblement tous les fardeaux et toutes les privations.

Entre deux et quatre heures, en sortant de la salle de communauté, elle montait au dortoir, salle immense et paisible alors, et là, assise devant une table de sapin, elle corrigeait les devoirs et les compositions de style des élèves.

N'avez-vous pas souvent été frappés de l'abnégation qu'il faut pour plier son intelligence jusqu'à la lecture assidue, raisonnée même, de toutes ces naïvetés écrites par les jeunes filles, sous prétexte de se former à la composition littéraire. Il nous a toujours semblé qu'il fallait une vertu énorme pour ne point repousser avec écœurement et dégoût, ces cahiers remplis de niaiseries, où d'imitations. C'est lorsqu'on analyse, que l'on approfondit les sacrifices nécessités par l'enseignement, que l'on se prend à admirer davantage les saintes créatures qui mettent leur cœur et leur esprit dans cette tâche ingrate.

Que de fois, mère Sainte-Madeleine, seule dans ce paisible dortoir tout blanc de draperies, tout parfumé de fleurs, tout étincelant de la lumière qui entrait à flots par ces vastes verrières, dût sentir son âme prête à s'envoler plus haut, à monter, à planer, à se perdre dans le monde de l'infini, pour voir le ciel de Jean ou le paradis de Dante!

Quelles aspirations, quelles hymnes devaient jaillir de ce grand cœur enthousiaste quand il se sentait libre et seul sous l'œil de Dieu!

Mais à peine la contemplation sainte, l'enthousiasme ardent s'emparaient-ils de cette pensée ardente, mère Sainte-Madeleine revenant à elle, et au présent, courbait la tête sous le joug saint de l'obéissance.

Elles ne s'appartiennent plus ces nobles et saintes femmes qui, sur la foi des promesses du Christ, ont dit adieu à leur famille, et raillé les promesses du *Prince du monde.* Leur volonté est morte; le suaire que l'on jeta sur elles le jour de leur prise d'habit les a recouvertes et ensevelies à jamais. Ce ne sont plus elles qui vivent, mais Jésus-Christ qui vit en elles. Et Jésus-Christ, pour la religieuse, parle par l'entremise de la supérieure qui l'investit de fonctions spéciales, et par celle du directeur qui la conduit dans la voie que Dieu lui trace.

C'est cette grande loi de l'obéissance qui constitue la force des communautés; elle est le secret de leur puissance et le moteur souverain de leurs œuvres. Si tout royaume divisé est destiné à la ruine, tout ce qui se présente lié en faisceau offre un grand moyen de résistance ou d'action.

Quand, depuis la religieuse de chœur, jusqu'à la plus ignorantes des sœurs converses, qui ne sait peut-être pas lire, et récite simplement son chapelet, chaque membre d'une communauté voit la perfection de son état attachée à l'accomplissement complet, absolu et satisfaisant de la tâche qui lui est imposée, n'en trouve aucune qui soit indigne : la sainte loi de l'obéissance ennoblit tous les actes, de même que la bure devient glorieuse en raison du vœu de pauvreté.

Toutes les grandeurs naissent de l'intention. L'Église a si merveilleusement compris les sublimités du dévouement, de l'obéissance, de l'humilité pure et simple, qu'elle n'a fait exception d'aucun rang dans les pages couvertes des noms de ses martyres, de ses veuves, de ses vierges.

La légende sainte donne à chaque occupation sa glorification et sa cause.

La religieuse qui instruit des enfants ignorants se répète, comme un encouragement, la parole du Sauveur : « *Laissez venir à moi les petits enfants.* »

Parfois, il lui semble apercevoir, comme dans une

vision, Anne la Prophétesse, enseignant à Marie à épeler les livres sacrés dans le mystère de la solitude du temple de Jérusalem.

Celle qui a la charge des malades songe aux angoisses de la Vierge traversant le désert avec son petit enfant; ou bien elle croit entendre, de la bouche du Sauveur, la parabole qui loue le Samaritain pour avoir pansé le voyageur blessé. Toutes les tendresses évangéliques lui envahissent le cœur : elle pense au désespoir de Jaïre, qui inspira une pitié miraculeuse au Christ ; elle se représente la veuve, suivant en pleurs le chemin Naïm et attendrissant, par ses regrets, l'âme de Jésus.

Comme lui, elle a charge d'épargner des larmes, de guérir des blessures; elle voit, dans le *moindre de ces petits*, un Jésus souffrant et pleurant. Sa compassion remonte de le créature au Créateur, ou plutôt descend du Créateur jusqu'à la faible et misérable créature, pour épancher sur elle d'ineffables trésors de grâce et de miséricorde.

Celles, plus heureuses, à qui la vie contemplative est réservée, gardent le silence de Marie et s'applaudissent humblement d'avoir la meilleure part, sans pour cela s'en croire jamais dignes.

Au nombre de celles qui s'estiment privilégiées, il faut placer les religieuses à qui l'on commet le soin de la chapelle. Tout est sacré dans leur ministère. A chaque heure elles vont à pas lents, presque furtifs, de la sacristie à l'autel, portant de grands vases de fleurs, rangeant de lourds chandeliers, épinglant de blanches nappes d'autel, préparant, la veille des fêtes, le trône d'or du Saint-Sacrement, changeant les corporeaux, renfermant les ornements brodés d'or, qu'elles confectionnèrent souvent elles-mêmes. Celles-là reçoivent même une autorisation qui est une sorte de bénédiction spéciale.

On leur accorde le droit de blanchir les linges sacrés. Ce qui est saint est pour les saintes!

Alors le travail se change en une prière, en une hymne perpétuelle au Saint-Sacrement.

Le sang du Sauveur humecte leurs mains qui touchent les linges sanctifiés avec le respect pieux que durent éprouver la Madeleine et les Saintes femmes à l'heure de l'ensevelissement de Jésus.

La charge de sacristaine est très-enviée, très-aimée ; on la réserve d'habitude à de jeunes religieuses, toutes à la ferveur première de leurs vœux ; c'est un encouragement et une récompense.

Rien ne les blesse, ne les rapetisse, ne les humilie, dans les diverses obligations réparties entre elles ; seulement, de ce qu'elles acceptent tout avec une obéissance souriante, il ne s'en suit point qu'elles n'aient pas à souffrir.

Le Christ disait à son Père : *Que votre volonté soit faite !* et néanmoins il le priait d'éloigner de lui ce calice.

Nous comprenons certaines épreuves, et nous avouons même que nous les trouvons faciles.

Qu'une religieuse intelligente, instruite, de grande naissance, soit chargée, dans un couvent, de diriger la cuisine, de veiller à la lingerie, ou de surveiller la minutieuse propreté de la maison, nous ne la plaignons pas ; ces manuels labeurs n'occupent que la région inférieure de sa pensée ; il en est une qui peut toujours dominer et planer ; mais la forcer à fixer son intelligence sur les travaux imparfaits, incohérents parfois, d'élèves plus ou moins laborieuses, l'obliger à lire des *essais* sur le *style simple*, le *style tempéré* et le *style sublime*, vraiment, c'est une rude et difficile épreuve.

Peut-être a-t-on le tort, dans certains pensionnats, de pousser trop avant les recherches théoriques.

Quand on réfléchit au peu d'exemples que la grande littérature des siècles peut fournir de style sublime, on s'effraie, à juste titre, de voir une pensionnaire de quinze ans obligée de trouver un approchant du : *Moi!* de Médée, du : *Qu'il mourut!* d'Horace, du : *Qu'en dis-tu?* de Manlius. Où la pauvre créature prendra-t-elle ses leçons de sublime? Le défaut des volumes de modèles de style est de les présenter tellement tronqués et coupés, qu'ils perdent une partie de leur valeur. Le tableau reste, le cadre manque ; et l'on sait, en peinture comme en littérature, de quelle importance est le reflet du cadre sur le tableau.

Mère Sainte-Madeleine remplissait héroïquement cette tâche ingrate.

Elle remettait sur leurs pieds les phrases boiteuses,

elle corrigeait les pauvretés ou les niaiseries des compositions de ses pensionnaires. Sa belle écriture longue, mince et ferme, tranchait sur les pattes de mouche des enfants.

A la fin de l'année, les élèves faisaient des auto-da-fé de ces cahiers couverts de corrections ; Stylite conservait les siens comme des reliques.

Le jour où mère Saint-Claude la surprit en flagrant délit de poésie, mère Sainte-Madeleine, assise dans un grand fauteuil, en face de sa petite table, corrigeait les devoirs de sa classe.

— Stylite, dit-elle, je suis contente de vous, et je viens de vous mettre première.

— Première ! répéta Stylite, et tout bas elle pensait : quelle punition vais-je encourir ?

— Que venez-vous me dire, mon enfant? demanda la religieuse.

— J'ai reçu l'ordre de vous apporter ceci, et je vous l'apporte.

Mère Sainte-Madeleine prit la grande feuille que Stylite lui tendait.

Elle commença à lire.

L'élève, tremblante, tâchait de surprendre la pensée de la maîtresse. Elle ne devina rien.

— Vous voulez donc toujours me faire de la peine, dit enfin mère Sainte-Madeleine d'une voix douce.

— Moi, vous faire de la peine ! oh ! non, je vous aime trop pour cela, vous le savez...

— Et cependant vous m'obligez à vous punir.

— Pour avoir écrit !...

— Pendant l'heure d'une composition.

— La mienne était finie...

Mère Sainte-Madeleine garda un moment de silence.

— Depuis quand faites-vous des vers? lui demanda-t-elle.

— J'en ai toujours fait, dit Stylite.

— Il faut me promettre de ne plus recommencer...

— Pourquoi?

Mère Sainte-Madeleine hésitait à répondre.

— Cela est dangereux, dit-elle.

— Non, puisque cela me console.

— N'importe, ma fille, me le promettez-vous.

— Je ne peux pas ! dit Stylite.

Elle baissa la tête et se mit à pleurer.

Mère Sainte-Madeleine en eût pitié, car elle lui caressa doucement le front et se mit à étancher ses larmes.

— C'est un malheur ! murmurait-elle, un grand malheur...

— Un malheur d'écrire? demanda Stylite.

— Ce n'est pas le rôle de la femme, répondit mère Sainte-Madeleine ; nous sommes faites pour l'obscurité, et tout ce qui tend à nous en faire sortir devient une pierre d'achoppement dans la vie. Avec votre tête ardente et votre cœur aimant, que deviendriez-vous, si vous vous abandonniez à cette inspiration qui vient d'en haut, je le sais, parce que l'esprit souffle où il veut, mais qui provoque et appelle toujours les tempêtes... Vous savez que je vous aime, chère créature incomprise, faible, timide, trop peu faite pour le monde dans lequel vous devez vivre ; eh bien ! je vous le dis dans toute la sincérité de mon cœur, dans le sentiment le plus douloureux de mes prévisions, cessez d'écrire, n'écrivez jamais !...

Stylite continuait à pleurer, sans comprendre les terreurs de mère Sainte-Madeleine, mais s'affligeant de se voir interdire ce qui compensait ses douleurs les plus intimes et les plus secrètes.

Cette scène était grave malgré son apparente simplicité.

Mère Sainte-Madeleine devinait le monde et le redoutait.

Elle sentait que si ce cœur s'ouvre aux vents orageux de la poésie, il peut bien arriver qu'il y perde la paix.

Sa maternelle tendresse pour Stylite grandit subitement, comme si une prophétie intérieure se fut fait entendre en elle pour lui révéler ce qu'elle devait souffrir.

L'enfant disparut subitement pour faire place à la femme. Des angoisses indicibles emplirent le cœur de la religieuse. Elle attira Stylite sur sa poitrine, comme pour tenter de lui communiquer la paix bénie qui remplissait la sienne... Mais il n'était plus temps ; devant cette tendresse, cette douleur, cette menace de l'avenir, cet orage prédit, Stylite se transforma subitement, sans transition, et tombant aux genoux de mère Sainte-Madeleine, elle s'écria, en fondant en larmes :

— J'écrirai, il faut que j'écrive !

— Pauvre ! pauvre chère et malheureuse enfant !

Un moment après elle ajouta :

— Puisse ce qui semble maintenant une vocation, ne pas se transformer en infortune...

Elle lui dit ensuite, en étanchant ses larmes :

— Ne pleurez plus, Stylite ; ne voyons pas plus loin que le présent ; ce présent vous donne des devoirs à remplir ; restez, ce que vous êtes, une élève docile ; les heures de classes sont précises, ne vous révoltez contre aucun règlement ; lorsque cette fièvre vous saisira, demandez à vous retirer dans la classe pendant les heures de la récréation, le jeudi vous viendrez ici... entendez-vous, Stylite, vous viendrez me lire votre poésie.

La jeune fille crut que le ciel s'ouvrait pour elle.

— Et voyez-vous, reprit mère Sainte-Madeleine, et désignant une ligne à l'enfant, cette rime est insuffisante, et voici un mot peu harmonieux ; ne retombez plus dans les mêmes fautes... Je vous ai causé un grand chagrin, je le vois, je le savais, mais j'ai rempli un devoir ; si plus tard vous souffrez pour avoir laissé déborder votre âme, souvenez-vous de mère Sainte-Madeleine, que Dieu avait faite poète aussi !

Alors, par un mouvement rapide, la religieuse ouvrit le tiroir de sa table, et y prit des feuilles détachées.

Elle se mit à lire, tandis que Stylite, à genoux, l'écoutait.

XII

Ce fut, pour cette enfant maladive, enthousiaste, la vraie révélation de la poésie.

Cette scène était simple comme toutes les grandes choses.

Il n'y avait dans ce dortoir tranquille qu'une religieuse lisant d'une voix inspirée et harmonieuse ce qu'elle savait sur la nature et sur Dieu, et une jeune fille avide de penser, de souffrir et de vivre.

L'âme de la religieuse débordait d'un lyrisme qu'absorbait l'âme avide de l'enfant.

Mère Sainte-Madeleine se sentait mieux comprise par Stylite, qu'elle ne l'eût été par tout le troupeau de ses sœurs.

La spontanéité d'impressions de l'élève, les pleurs qui mouillaient son visage, son regard clair et lumineux levé vers elle; cet élancement de tout son être vers celle dont la parole enflammée lui semblait tomber des lèvres d'un ange, tout concourait à faire de ces deux créatures, l'une sainte, l'autre innocente, un groupe admirable.

Mère Sainte-Madeleine lisait, lisait encore...

Le soleil déclinait vers les hautes châtaigneraies, couvrant de leur ombre la chaîne des collines; de grandes traînées lumineuses couraient dans le ciel, s'affaiblissant de minute en minute.

La nature chantait l'hosanna de sa merveilleuse poésie; elle déployait à la fois ses grâces et ses splendeurs pour prendre sa part de cette fête de l'intelligence, et prodiguer ses splendeurs à la religieuse poète, à l'enfant poétique.

Quand le soleil disparut et sombra au sein de rouges nuages, les feuilles tombèrent des mains de mère Sainte-Madeleine.

Elle poussa un grand cri : Stylite venait de s'évanouir.

XIII

On la transporta immédiatement, non point à l'infirmerie, mais dans une cellule vide. La religieuse qui l'occupait autrefois avait quitté ce couvent pour augmenter le nombre des premières fondatrices d'une maison nouvelle. Sur la porte se trouvait encore collée une petite image représentant la vierge d'Avila.

Une fièvre violente s'empara de Stylite.

Pendant huit jours, elle fut en proie à un délire qui ne lui permettait de distinguer personne.

Les jeunes religieuses, les novices, erraient sans bruit autour d'elle.

Le médecin attribua cette fièvre à la croissance et au printemps.

Quand Stylite revint au sentiment de la vie, une révolution complète s'était opérée en elle. Les paroles de mère Sainte-Madeleine vibraient dans sa mémoire et dans son cœur. Deux anges paraissaient se disputer cette âme ; aucun d'eux n'était un ange de ténèbres ; mais l'un tenait à la terre par les pensées d'orgueil qu'il engendre, l'autre prenait vers le ciel un vol hardi dont rien ne suspendait l'essor.

Stylite cacha ce qui se passait en elle.

Seulement elle demanda une faveur : elle souhaitait lire les *Lettres de saint Jérôme*.

Cette demande étourdit mère Sainte-Angèle, qui la transmit à la supérieure. Mère Sainte-Madeleine fut consultée. Elle prit, sans répondre, les clefs de la bibliothèque, choisit un lourd volume sur les rayons, le porta dans la chambre de la jeune malade, ouvrit les rideaux pour donner de la lumière à cette cellule et faire tomber les rayons du soleil sur la tête pâle de Stylite ; puis, arrangeant sur le lit un pupitre et le volume de *Lettres*, elle prépara, en outre, pour Stylite, du papier, un crayon, l'embrassa sur les cheveux et dit à la novice qui la soignait :

— Laissons-la seule avec Dieu!

XIV

De tous les Pères qui ont parlé de la vie religieuse, aucun ne saura prendre plus d'empire sur une jeune âme que saint Jérôme. Cela tient à deux raisons : la première est son éloquence, une éloquence élevée, hardie, entraînante, qui vous subjugue et vous jette au pied de la croix ; la seconde est la connaissance parfaite qu'il possédait du monde, de l'empire que les femmes y exercent, du grand rôle qu'elles y jouent.

Le Christianisme n'a pas seulement relevé la femme de l'ilotisme, il n'a pas seulement brisé ses fers d'esclave et affranchi son âme d'un joug d'ignorance. En la déclarant libre, il l'a sacrée chaste, et toutes les destinées de la société reposent sur la chasteté de la femme.

A des siècles de dissolutions, pendant lesquels le culte de Vesta ne semblait destiné qu'à voiler celui de Priape, succédait une ère de pureté, de sainteté, inaugurée par la vierge Marie.

Mais les grands maux nécessitent des remèdes violents.

Les révolutions se comprennent et réussissent en raison de la loi des contraires.

Décréter la chasteté de la femme, faire du gynécée un sanctuaire d'honneur au lieu d'une prison close par la jalousie ou l'habitude; guérir de l'amour d'un luxe effréné la femme et la jeune fille; prouver qu'il était plus glorieux de revêtir la robe sombre des vierges que la tunique couleur safran des fiancées; c'était une tâche ardue, et pour laquelle tout le génie de Jérôme devenait nécessaire.

Ses *Lettres* devinrent le code de la vie chrétienne.

Ces lettres, écrites à quelques saintes femmes, communiquées par elles à leurs amies, acquirent une réputation immense. Adressées à des vierges, à des épouses, à des veuves, elles renfermaient la quintessence du christianisme ; et, plus tard, réunies pieusement, elles devinrent la règle de conduite religieusement consultée et suivie par celles qui faisaient profession de vertu.

Saint Jérôme traite toutes les questions, touche à tous les points, tantôt avec une vigueur sublime, tantôt avec une ineffable tendresse.

Il s'empare de tous les textes de l'Evangile, les cite, les commente, pour en faire autant de rits mystérieux destinés à retenir ces vierges, qu'il convie aux Noces de l'Agneau. Il parle de la chasteté en docteur, en philosophe, en saint.

Il la fait planer au-dessus de toutes les autres, la montre comme la clef de voûte de l'édifice d'une vie chrétienne, et devient d'autant plus éloquent, qu'il approfondit davantage cette sublime matière.

Lui qui connaissait si bien les plaisirs de Rome, ne pouvait-il point prémunir contre leurs entraînements les femmes faciles à séduire? Du fond de sa retraite de Bethléem il répandait l'ardeur de son âme dans ses magnifiques conseils. Parfois il devenait éloquent comme Paul; d'autres fois on eut dit qu'il empruntait l'inspiration de Jean. Son âme débordait d'allégresse et le lyrisme du *Cantique des Cantiques* l'envahissait et le possédait.

Si un saint fut l'apôtre de la chasteté, le propagateur des idées nouvelles sur la virginité, ce fut saint Jérôme.

Il est aujourd'hui trop peu connu, et trop peu lu.

Craint-on que sa parole entraîne trop rapidement les âmes jeunes et impressionnables sur les pas du Sauveur? Le phare de la virginité montré par lui, chanté par lui, doit-il les appeler toutes, leurs lampes en main, pour attendre la venue de l'Époux-Mystique?

Mais en dehors de ce qu'il apprend aux vierges, de la grandeur et de la sublimité de leur état, ne donnat-il point aux enfants, aux épouses, aux mères, aux veuves, les plus salutaires conseils?

Quelle femme, formée à l'école de saint Jérôme, ne deviendra une femme parfaite?

Les jeunes filles ne peuvent avoir entre les mains les *Lettres complètes,* dans lesquelles sont traitées des questions trop graves pour elles et présentant, par cela même, quelque danger; mais ne prend-on pas le rayon de miel dans le creux de l'arbre, après avoir éloigné les abeilles, et ne permet-on pas aux enfants d'en savourer la douceur?

Il appartient à des esprits prudents de choisir ces *Lettres*, d'en dégager l'esprit, de le présenter, de le sertir, pour nous exprimer d'une façon plus claire, et de le montrer dans tout son rayonnement, pour favoriser dans les âmes le développement de la grâce.

Parler des religieuses et de la vie religieuse, sans évoquer les Pères qui furent les fondateurs, les propagateurs des vocations virginales, c'est essayer de bâtir un monument en commençant par la toiture.

Saint Jérôme est le véritable Père de la vie du cloître, et tout l'esprit en est contenu dans ses *Lettres* admirables.

XV

Chose bien digne de remarque, à une époque où les écrivains modernes semblent prendre à tâche de diminuer l'empire de la femme, en le dénaturant, pour retrouver la femme telle qu'elle est, telle qu'elle doit être, il nous faut remonter aux siècles illustrés par les grands génies.

Ceux-là comprenaient que la société tout entière repose sur elle; qu'en demeurant l'honneur de sa maison, elle est en même temps l'espérance des peuples; que, si l'homme instruit l'enfant, il appartient à la femme de l'élever.

C'est ce qui explique non-seulement que les Pères et les Docteurs aient écrit pour les femmes tout spécialement, mais qu'ils l'aient fait non point par condescendance, mais avec joie.

A dix siècles de distance, il s'est trouvé deux hommes, deux saints, qui ont dédié les œuvres les plus avancées dans la vie mystique à des femmes : Saint Jérôme leur envoie ses *Lettres,* Gerson leur trace les voies de la perfection religieuse dans la *Montagne de la Contemplation*. Ne sont-elles pas bien vengées de la façon légère dont les traitent les écrivains modernes, quand elles peuvent opposer à leurs attaques insolentes, à leurs mépris railleurs, des livres immortels comme ceux que nous venons de citer.

Écoutez les raisons que nous donne saint Jérôme pour appuyer la préférence avec laquelle il choisit des femmes pour disciples :

« Si les hommes s'enquéraient des saintes Écritures, je ne parlerais point aux femmes.

« Si Barac avait voulu marcher au combat, Debbora n'aurait point vaincu et triomphé.

« Jérémie est jeté en prison ; Israël, près de périr, n'a pas voulu recevoir le prophète, et une femme, Olde, lui est envoyée.

« Les prêtres et les Pharisiens crucifient le Fils de Dieu, et Marie-Madeleine pleure au pied de la croix ; elle prépare les parfums, visite le tombeau, interroge le jardinier, reconnaît le Seigneur, et court annoncer aux Apôtres qu'elle vient de le revoir. Ceux-ci doutent, et elle croit. Cette femme est à vrai dire la Tour de Candeur, la tour du Liban élevée en face de la sacrilége Damas, qui demande la mort du Sauveur comme une expiation de sang.

« Sara a passé l'âge de la maternité, et Dieu prescrit en ces termes à Abraham sa déférence pour elle :
« Quelque chose que te dise Sara, écoute sa voix. »

« Rébecca va interroger le Seigneur, elle obtient pour

réponse cet oracle magnifique : « Deux nations sont
« en ton sein, et deux peuples sortiront de tes entrailles
« pour se diviser. » Elle donna le jour à deux races
ennemies.

« Marie, sœur de Moïse chante les louanges du Seigneur, et Rachel illustre notre Bethléem, l'ancienne Ephrata, en en faisant le berceau de sa postérité.

« Les filles de Salphaad sont jugées dignes de recueillir l'héritage paternel au milieu de ceux de leur tribu.

« La gloire de Ruth, d'Esther, de Judith est si éclatante, qu'elles ont donné leurs noms aux livres sacrés.

« Anne la Prophétesse met au monde un fils lévite, prophète, juge, portant au front l'onction sainte, et elle le présente au temple du Seigneur.

« La femme de Thécua embarrasse David par sa demande, elle l'éclaire par sa parabole et l'apaise par l'exemple de Dieu.

« L'Écriture rapporte qu'une autre femme pleine de prudence, voyant sa ville assiégée et battue en brèche par le général Joab, à cause d'un factieux qui s'y était enfermé, harangua ses concitoyens avec tant de sagesse que, par l'autorité de sa parole, elle écarta le danger qui menaçait tout un peuple.

« Parlerai-je de cette reine de Saba qui vint de l'extrémité de la terre entendre la sagesse de Salomon, et qui doit, comme Dieu l'a déclaré, être la condamnation de tout Jérusalem?

« Les entrailles et la voix de Jérusalem prophétisent.

« Anne, fille de Phanuel, à force d'assiduité au temple, devient elle-même le temple de Dieu, et, par le jeûne de tous les jours, trouve le pain céleste.

« Les femmes accompagnent le Sauveur et lui servent leur propre nourriture, et lui qui, avec cinq pains, nourrit cinq mille hommes, sans compter les femmes et les enfants, ne dédaigne pas d'accepter les aliments des Saintes femmes.

« En parlant à la Samaritaine, près du puits, il se nourrit de la conversion de la croyante, et oublie le repas qui lui est préparé.

« Apollonius, homme apostolique et très-versé dans la science des Écritures, apprend d'Aquila et de Priscillie à connaître la vie de Jésus-Christ.

« Si un apôtre n'a pas rougi de recevoir l'instruction d'une femme, comment pourrais-je rougir d'instruire les femmes ainsi que les hommes. »

Saint Jérôme tient avant tout à prouver la dignité, la valeur de la femme : il la grandit pour honorer davantage celle qui fut bienheureuse entre les femmes de toutes les nations :

« Quelque lecteur sans piété se rira peut-être de ce que je m'arrête si longtemps à louer des femmes ; mais s'il se souvenait de celles qui ont accompagné notre Sauveur et l'ont assisté de leur bien, s'il se souvenait de ces trois Marie qui demeurèrent debout au pied de sa croix, et particulièrement de cette Marie-Madeleine qui, à cause de sa vigilance et de l'ardeur de sa foi, a été nommée une Tour inébranlable, et s'est rendue digne de voir, même avant ses Apôtres, Jésus-Christ ressuscité, il s'accuserait plutôt de présomption, qu'il ne me taxerait d'extravagance, lorsque je juge des vertus, non pas par le sexe, mais par les qualités de l'âme, et que j'estime qu'il n'y en a point qui méritent autant de gloire que ceux qui, pour l'amour de Dieu, méprisent leur noblesse et leurs richesses ; ce qui fit que Jésus-Christ eut une si grande affection pour saint Jean-l'Évangéliste, lequel étant si connu du pontife, parce qu'il était de bonne famille, ne put néanmoins être retenu par la crainte qu'il avait de la malice des Juifs, de faire entrer saint Pierre chez Caïphe, de demeurer seul de tous les Apôtres au pied de la croix, et de prendre pour mère, la mère de notre Sauveur, afin qu'un fils-vierge reçut une mère-vierge, comme la succession de son maître-vierge. »

Une fois la situation, la dignité de la femme bien établies, bien prouvées, saint Jérôme choisira celles qui sont les plus favorisées, et les plus dignes.

Il ne cachera point sa prédilection pour les vierges, pour celles qui renoncent au monde et deviennent les compagnes de l'Agneau. Il les encouragera toutes à la chasteté, à la sobriété, à l'obéissance. Ses *Lettres* suffisant pour la règle des premières communautés, sainte Paule n'en voudra point d'autre ; et sa fille, Eustochie, deviendra la première novice d'un couvent fondé à l'ombre des palmiers des Saints-Lieux.

Parfois, le zèle de Jérôme l'emporte. Il n'a pas toujours des louanges à donner ; c'est un maître austère, parlant au nom de la croix, et voulant modeler toutes les âmes auxquelles il touche, d'après le Christ, que son amour y a cloué.

Sa voix emprunte alors, non pas la raillerie de Suétone ni la colère de Juvénal, mais l'accent des tonnerres divins du Sinaï; il reproche aux femmes de Rome, à celles des Gaules, leur mollesse et leur vanité. Il a tellement soif de les attirer à Dieu, de les précipiter dans l'abîme de son amour, qu'il repousse avec indignation tout ce qui se place entre le Christ et la créature.

Puis, quand il demeure presque effrayé lui-même de sa sainte violence, il revient à des sentiments de douceur pleins d'onction; il a peur d'avoir blessé la brebis qu'il souhaite garder au bercail, et toutes les suaves tendresses découlent de cette âme d'Apôtre pour corriger l'âpreté de son éloquence ; ainsi, il écrit à Algasia :

« Ayez soin de corriger par la douceur qu'Aletius a
« coutume de mettre dans ses discours, l'amertume
« que vous trouverez dans le mien, de jeter le bois de
« la croix dans les eaux de Mara, et de relever par la
« force et la vivacité du style de ce jeune ecclésia-
« stique ce qu'il y a de trop faible et de trop languis-
« sant dans celui d'un vieillard comme je suis, afin
« que vous puissiez chanter avec joie : « Que vos
« paroles me paraissent douces ! elles le sont plus que
« le miel dans ma bouche. »

Former des femmes à la vie chaste, cultiver la vigne donnant le *vin qui fait germer les vierges*, telle est la tâche que s'impose Jérôme. Nous reviendrons plus tard sur ses conseils, sur la manière dont il comprend le cloître et la vie dans le cloître; nous voulons citer ces quelques lignes de l'auteur de l'*Imitation*, relatives aux femmes :

«... Il existe des personnes simples, et en particulier mes sœurs bien-aimées, pour qui je veux écrire sur la vie contemplative et sur cet état. Car, selon la parole de l'Apôtre, la femme qui est vierge et qui s'éloigne du mariage, s'étudie à plaire absolument à Dieu, sans s'inquiéter du monde, comme une jeune mariée s'efforce de charmer son époux et de gouverner sagement son intérieur.

«Je ne sais rien de plus utile que de composer ce livre pour mes sœurs qui, par la grâce de Dieu, ont renoncé au mariage ; je l'écris afin de leur enseigner comment elles plairont à Dieu en le servant, en l'honorant, en l'aimant.

«Je ne m'effraie point de la simplicité de leur cœur, et je n'ai d'autre intention que celle de mettre les choses qu'il contient à la portée de leur intelligence. »

Et Gerson leur donne un code complet de la vie monastique.

XVI

Ce que la mère, femme du monde, distraite par mille soins, mille occupations, ne peut faire pour la petite enfant que Dieu lui a donnée, les religieuses le font au couvent.

La tradition leur reste.

On leur fait parfois le reproche d'élever les enfants qu'on leur confie dans les sentiments de l'orgueil du rang ; la dignité n'exclut pas l'humilité ; et Jérôme, écrivant à la riche, à l'illustre Paula, n'oublie pas de lui recommander « de donner à sa fille une éducation digne de sa naissance. »

La direction qu'il va commencer à donner à l'enfant, c'est la mère qui la demande, qui l'implore...

« Je veux satisfaire, dit Jérôme, à ce que votre lettre et celle de l'illustre Paula ont exigé de moi, et vous enseigner dans cette lettre à élever la *petite Paula*, qui a été consacrée à Jésus-Christ avant sa naissance, et même avant qu'elle fut conçue.

« Que Paula apprenne à écouter et à ne dire que

ce qui peut lui inspirer la crainte de Dieu, qu'on ne profère jamais de discours impurs devant elle, qu'elle n'entende point de chants profanes, et que, balbutiant à peine, elle apprenne à psalmodier les psaumes.

« Éloignez de sa compagnie tous les autres enfants qui auraient des vices, et que les filles qui la serviront n'aient point de rapport avec les étrangers, de peur qu'elles ne lui enseignent ce qu'elles auraient eu le malheur d'apprendre. »

Il ne s'en tient point aux précautions qui couvrent la fleur délicate de cette âme nouvellement tombée du ciel; rien ne lui semble futile, dès qu'il s'agit de l'éducation de l'enfant. Il la veut heureuse, en la gardant innocente, il sent qu'il faut tout d'abord mêler le travail à ses jeux, et dissimuler les difficultés de l'un sous les charmes de l'autre.

« Mettez-lui entre les mains des lettres de buis ou d'ivoire, faites-lui en connaitre les noms : elle s'instruira ainsi, tout en se livrant à ses jeux; mais il ne suffira pas qu'elle sache de mémoire le nom des lettres, et qu'elle les apprenne de suite ; vous les mêlerez souvent ensemble, afin qu'elle les connaisse moins de vue que par leurs noms. »

N'est-ce point avec cette angélique et maternelle patience que les religieuses enseignent à lire aux petits enfants ?

« Lorsqu'elle commencera à écrire, que quelqu'un dirige sa petite main tremblante pour la soutenir, ou trace des caractères sur des tablettes, afin qu'elle suive les mêmes lignes, sans pouvoir s'en écarter.

Faites-lui assembler des mots, en lui proposant des prix, et en lui donnant pour récompense ce qui plaît d'ordinaire aux enfants de son âge. »

Voilà l'émulation trouvée.

Il souhaite des enfants autour de la *petite Paula*, mais il les veut filles d'une mère sainte devant Dieu ; il redoute l'influence de la dissipation ; et, d'un autre côté, il craint que la solitude pèse sur cette enfant.

Il ne trouve point étrange qu'elle aspire au succès, ni que ce succès soit récompensé ; au contraire, il indique ce moyen comme un des meilleurs pour faire progresser l'enfant, et lui faire de la science un fruit savoureux mais sans amertume.

« Qu'elle ait de jeunes compagnes, afin que les applaudissements qu'elles pourront recevoir excitent son émulation et son ardeur pour l'étude.

« Ne lui reprochez pas la difficulté qu'elle éprouve à comprendre ; au contraire, encouragez-la par des louanges; faites en sorte qu'elle soit également sensible à la joie d'avoir bien fait ou à la douleur de n'avoir pas réussi.

« Surtout, prenez garde qu'elle ne conçoive pour l'étude une aversion qu'elle peut conserver dans un âge plus avancé.

« Que les mots dont elle se servira pour l'accoutumer à s'exprimer, ne soient point des termes inventés ou trouvés par hasard... qu'elle se garnisse la mémoire d'expressions qui, dans la suite, lui seront d'une grande utilité.

« Choisissez-lui un maître de bonnes mœurs et d'une capacité éprouvées. Je suis persuadé qu'un homme habile ne refuserait pas de faire pour sa parente, ou pour une fille de haute naissance, ce qu'a fait Aristote pour Alexandre, et qu'il ne regarderait pas comme au-dessous de lui de poser les premiers fondements de son éducation. Une personne de mérite instruira sans doute mieux votre fille qu'un ignorant.

« Empêchez-la aussi de prononcer les mots à demi, et de jouer avec l'or et la pourpre, car l'un nuirait à son langage, et l'autre à ses mœurs : elle ne doit rien apprendre en son enfance qu'elle soit obligée d'oublier dans la suite.

« On dit que la manière de parler de la mère des Gracques contribua beaucoup à les rendre éloquents, et que Hortensius fortifia son langage en entendant son père.

« On efface difficilement les premières impressions que reçoit une jeune âme. Rarement on rend à la laine teinte sa couleur naturelle, et une urne garde toujours l'odeur de la première liqueur dont elle a été imbibée.

« Il est rapporté, dans l'histoire grecque, qu'Alexandre-le-Grand conserva dans ses mœurs et dans sa démarche les défauts de son maître Léonide, parce qu'il les avait pris dans son enfance. On imite naturellement les vices d'une personne, et l'on tombe, sans peine, dans les défauts de celui dont on ne peut acquérir les vertus. »

Parfois encore l'on accuse les religieuses de détacher les enfants de la famille, d'attirer à elles les sympathies, et d'arriver à remplacer dans le cœur des enfants, les êtres respectables qu'elles en ont bannis.

Est-ce donc la morale des saints?

Ecoutons le même oracle de l'éducation première :

« Que Paula saute au cou de son grand'père, quand elle le rencontrera. »

Mais il ne se borne point à cette tendresse en elle-même ; il croit à la puissance de l'enfant, il veut qu'elle l'exerce. Il se sert de son prestige pour le changer en influence ; déjà il en fait un apôtre. L'enfant, en donnant ses baisers, doit songer déjà à sa mission, la seule qu'elle doive remplir, dont il ne lui est permis de s'écarter jamais.

Son aïeul est païen ; on était païen du temps de Jérôme, aujourd'hui l'on est incrédule, ce qui est pire peut-être, car un infidèle est plus vite converti qu'un matérialiste ; ce que les paroles de l'épouse, de la fille n'obtiendraient point, la petite enfant se le verra accorder sans peine.

« Qu'elle lui chante les louanges de Dieu, ajoute saint Jérôme, ne voulut-il point les écouter ; — qu'elle sourie en voyant sa grand'mère, qu'elle comble son père de caresses, qu'elle soit chérie de tout le monde. Faites, en un mot, que cette jeune fille, si aimable, soit la joie de toute sa famille. »

Est-il possible d'encourager mieux au respect, à la tendresse, et de mettre plus explicitement en première ligne de conduite l'obligation, non-seulement encore de leur rendre aimables toutes les vertus qu'ils doivent trouver dans l'enfant de leur prédilection.

« Faites-lui connaître de bonne heure les vertus et les mérites de son autre aïeule et de sa tante. Apprenez-lui quel est le Maître qu'elle doit servir, et l'armée dans laquelle elle doit s'enrôler et combattre à leur exemple. »

Il n'y eut jamais que les grandes natures vouées à Dieu, capables de respecter, d'aimer, d'élever l'enfance.

Origène, se levant la nuit pour baiser la poitrine de son fils, sanctuaire pur de l'Esprit divin, nous montre à quel point les saints poussaient le culte dont ils entouraient l'innocence.

— Laissez venir à moi les petits enfants! disait le Sauveur. Et les saints et les saintes répètent la même parole.

Et ce ne sont pas seulement des conseils écrits que saint Jérôme envoie; il dit, dans une lettre à Gaudenticus :

« Si vous nous voulez envoyer Paula, je m'oblige à être son maître et son nourricier ; je la porterai entre mes bras ; ma vieillesse ne m'empêchera point de délier sa langue, de former ses premiers accents, et je serai plus glorieux que le philosophe païen Aristote, puisque je n'instruirai pas un roi mortel et périssable, mais une épouse mortelle au roi céleste. »

Les dames romaines imploraient comme une grâce

que Jérôme, du fond de son désert, daignât leur donner une règle de conduite pour leurs enfants ; dans leur hâtive prévoyance, elles la demandaient avant que la chère créature la pût comprendre, et Jérôme s'écriait :

« Il est assez difficile d'écrire à une petite fille qui n'entend point encore ce qu'on lui dit, dont on ne connaît point le caractère, de laquelle on ne peut rien se promettre d'assuré, et en qui, pour me servir des termes d'un grand orateur, l'espérance est plus à estimer que la chose même.

« Comment exhorter à la continence une enfant qui demande des jouets, qui bégaie encore sur le sein de sa mère, et qui préfère les friandises aux plus beaux discours ?

« Celle qui s'endort à des contes de vieilles femmes, conservera-t-elle les paroles sublimes de l'Apôtre et le style mystique des prophètes ?

« Celle qui est effrayée de la sévérité du visage d'une gouvernante, supportera-t-elle la majesté de l'Évangile, dont tous les plus grands esprits du monde ne peuvent soutenir l'éclat ?

« En un mot, comment exhorter à l'obéissance celle qui, tout en jouant, bat encore sa mère ? »

Cependant, si grande est sa bonté, qu'il ne refuse jamais cette consolation, et envoyant une épître de ce genre à une mère chrétienne, il ajoute :

« Que la jeune Pacacula reçoive cette lettre pour la lire quelque jour. — Il commence alors à l'instruire et veut qu'on lui enseigne les travaux de la femme :

« Essayez-la à manier le fuseau, qu'elle rompe aujourd'hui le fil, afin qu'elle apprenne à ne pas le rompre plus tard. »

Chez les enfants formés à son école, la raison doit devancer l'âge :

« Lorsqu'elle aura atteint l'âge de sept ans, et qu'elle saura ce que c'est que de rougir et de discerner ce qu'il faut dire et ce qu'il faut faire, qu'elle enrichisse sa mémoire des richesses du *Psautier*, et qu'elle travaille jusqu'à douze ans à faire toute sa richesse des livres des prophétes, de ceux de Salomon, du saint Évangile et des Actes des Apôtres. »

La modestie doit déjà être en elle :

« Qu'elle n'affecte point de se montrer en public, et de se trouver toujours aux grandes assemblées, même des églises; que toutes ses délices soient de demeurer dans sa chambre. »

Cette chambre précède de peu la cellule.

Mais en dépit de cette gravité précoce, de cette retenue, Jérôme ne cesse de répéter :

« Que le moindre signe de sa mère lui tienne lieu de parole et de commandement, qu'elle l'aime comme on aime une mère, et qu'elle lui soit soumise comme on l'est à une maîtresse. »

Et ailleurs, comme s'il ne pouvait assez insister sur ces légitimes tendresses :

« Qu'elle saute au cou de sa mère, et qu'elle soit comblée de caresses par toute la famille. »

Saint Jérôme redoute pour Paula, pour Eustochie,

pour Pacacula les rapprochements inutiles, sinon dangereux. Il redoute à la fois les institutrices et les servantes, il ne veut que la mère ou des femmes vouées à Dieu :

« Qu'elle s'éloigne autant qu'elle le pourra des filles coquettes et légères, dont la fréquentation est d'autant plus dangereuse que leurs paroles font à l'âme de mortelles blessures.

« Plus vous donnerez d'accès chez vous à ces sortes de personnes, plus aussi vous aurez de peine à vous en défaire ; elles enseignent en secret ce qu'elles ont appris, et malgré les soins que l'on prend de renfermer sa fille comme une Danaé, elles trouvent moyen de la corrompre par leurs discours empoisonnés.

« Donnez-lui pour gardienne et pour compagne une gouvernante, une maîtresse qui ne soit, comme dit l'apôtre saint Paul, ni paresseuse, ni babillarde, mais sobre, modeste, toujours occupée à quelque ouvrage de laine, et dont les discours soient propres à inspirer à un jeune cœur des sentiments de piété et de vertu.

« Comme l'on suit sans peine le sillon qu'on lui trace avec le doigt sur le sable, de même un enfant, encore tendre et délicat, prend tel pli qu'on lui donne et se laisse conduire sans résistance.

« Il faut qu'elle soit gaie, mais sans exagération, parce que la douleur est l'étoffe de la vie, et l'enfant a su pleurer avant de savoir rire! »

Quand on étudie ce code merveilleux de la première éducation, la seule conclusion est celle-ci : on ne peut faire élever ainsi ses filles que dans les maisons religieuses.

Et l'on aura raison.

Et en agissant de la sorte, on aura pourvu non pas seulement aux obligations du présent, mais encore à celles de l'avenir. En plaçant l'enfant délicate, sensitive, malléable entre des mains *qui empêcheront que son pied ne heurte contre quelque pierre*, on donne à celle qui sera plus tard appelée soit à devenir mère de famille, soit à vivre libre et seule, de grandes garanties morales contre le monde et contre elle-même.

Dans ses luttes, car la vie en présente à chaque pas, dans ses souffrances, dans ses périls, elle se représentera sans cesse le couvent dans lequel elle fut élevée; des voix aimées résonneront à son oreille; elle retournera vers un passé grand et pur, et toute tentation de faiblesse fuira loin de ce cœur attiré par des semblants de joie.

Quelle que doive être, du reste, la vocation de la jeune fille, les principes d'éducation conviennent. La sainteté sauve de tout, et bien complète, plaît à tous ! Ceux qui la rendent froide, rigide et peu attractive lui nuisent et la dénaturent.

Heureuse la mère de famille qui, ayant lu ce que nous venons de citer, prendra ces préceptes pour base de l'éducation qu'elle veut faire donner à sa fille !

XVII

Saint Jérôme ne trouvait rien de plus grand et de plus beau que la virginité. Une couronne de lis surpassait pour lui en splendeur tous les diadèmes du monde.

Il a élevé son langage jusqu'à la plus pure poésie chaque fois qu'il a traité ce sujet fécond et merveilleux.

Notre livre ne traitera que des religieuses, il doit donc parler des vertus qui leur sont propres. La première, l'essence même de leur perfection est cette intégrité dont Marie leur a donné l'exemple, et qu'elles tiennent à honneur d'imiter.

Rien ne semble assez pur, assez éloquent, assez élevé à saint Jérôme pour louer cette vertu; ce grand génie emploie ses heures à converser avec les vierges qui souhaitent être dirigées par lui.

Il enlève toutes les épines de la route dans laquelle elles marchent; ou s'il en laisse quelques-unes, il les recouvre de fleurs telles et leur donne un parfum si odorant, qu'elles ne doivent plus sentir ni les fatigues ni les blessures.

Encore une fois, nous regrettons qu'une édition des *Lettres* ne soit point faite spécialement pour les jeunes filles, à qui elles apprendraient à mettre la pureté de la vie à sa véritable hauteur; aux novices, qui y puiseraient des forces nouvelles et sentiraient leur essor vers Dieu prendre des proportions nouvelles, d'autant plus ardentes et plus célestes, que le saint docteur aurait mis davantage en elles l'Esprit qui l'anime.

Saint Jérôme anime et entraîne.

Il n'est aussi persuasif que parce qu'il est convaincu. Celui qui, au désert, se ressouvenait des délices de Rome, pouvait d'autant mieux exalter la virginité que la pénitence lui enseignait le prix du trésor qui s'appelle la robe d'innocence, vêtement de l'âme si splendide et si fragile, qu'un souffle, une épine, suffisent pour le déchirer et le mettre en lambeaux.

C'est à Principia, à Démétriadès, à Eustochie, à Azella qu'il envoie ses pages éloquentes :

« Que de Suzannes (ce doux nom veut dire lis en hébreu) tressent pour leurs époux de blanches couronnes de chasteté, et changent elles-mêmes leurs couronnes d'épines contre la gloire du triomphe. »

∴

Vous avez près de vous, dans l'étude des Écritures et dans la sainteté du corps et de l'esprit, Marcella et

Azella : que l'une vous conduise à travers les vertes prairies et les parterres émaillés des divins Livres, vers celui qui dit, dans le *Cantique des Cantiques :* « — Je suis la fleur des champs et le lis des vallées. »

Que l'autre, fleur du Seigneur elle-même, soit digne ainsi que vous d'entendre ces paroles : « — Comme le lis au milieu des épines, ma bien-aimée s'élève au-dessus des jeunes filles. »

Or, puisque j'ai commencé à parler de fleurs et de lis, emblèmes de la virginité, il me semble heureux, en écrivant à une fleur du Christ de traiter un sujet qui en est semé.

∴

La virginité a toujours l'arme de la pudeur pour anéantir les voluptés et pour dompter les passions. Les fables des païens eux-mêmes, supposaient des armes aux vierges leurs déesses.

∴

Principia, vous qui êtes blessée par le trait du Seigneur, chantez avec l'épouse du *Cantique des Cantiques :* « — Je languis, blessée d'amour. » — Il ne faut pas s'étonner que votre époux soit armé de traits nombreux, qui, selon l'expression du psaume cent dix-neuvième « dévorent comme des charbons ardents. » Car lui-même est la flèche du Seigneur, ainsi qu'il le déclare dans Isaïe : « — Il m'a placé comme une flèche choisie et m'a caché dans son carquois. »

Cléophas et son compagnon, blessés par ces traits sur le chemin, s'écriaient : « Ne sentions-nous pas notre cœur brûler au-dedans de nous, tandis qu'il s'entretenait en marchant avec nous et qu'il nous expliquait les Écritures ? »

∴

Vous mortifiez votre chair en ce monde, et tous les jours vous offrez la myrrhe à Jésus-Christ, et vous présentez au Seigneur la « Stacté (1) » et l'encens.

∴

Principia, ensevelissez-vous avec le Christ dans le baptême ; soyez morte à ce monde, et ramenez toutes vos pensées aux choses célestes. Dites à votre Époux : « Mes mains distillent la myrrhe ; mes doigts en sont embaumés. »

∴

« Écoutez, ô ma fille, voyez et prêtez l'oreille, et le roi sera épris de votre beauté. »

∴

Principia, ô ma fille ! quand vous vous mêlerez au chœur des vierges pour être conduite devant le Roi des

(1) La Stacté est la fleur de la myrrhe.

rois, et que vous ferez sa gloire et ses délices dans son palais d'ivoire, accordez un souvenir au vieux prêtre qui, éclairé de l'inspiration divine, vous a fait connaître le sens de ce psaume. Écriez-vous : « Je me souviendrai de votre nom, » afin d'entendre en entier le *Cantique des Cantiques*, dont vous aurez compris une partie, si Dieu vous accorde de longs jours sur la terre.

XVIII

Saint Jérôme ne se borne pas à faire éclater devant celles qui doivent suivre l'*Agneau partout où il va,* les magnificences réservées par Dieu à celles qui l'aiment.

Il ne met point en œuvre un seul des mouvements de son éloquence.

Il a recours à tous. Il ne lui suffit pas d'ébranler, il faut qu'il persuade.

Il ne serait qu'à moitié satisfait si, après avoir montré la grandeur de l'état des vierges, il ne le leur faisait apprécier en raison même de ce qu'un autre genre de vie est moins heureux.

Comme il connaît la faiblesse de la nature humaine il tient à leur épargner des regrets.

Peuvent-elles en avoir quand le tableau de la vie domestique avec ses orages, ses tourments se déroule devant elles.

D'un autre côté, il se montre ardent à se défendre de l'accusation que l'on ne manquera pas de porter contre lui; l'antiquité qui ne voyait qu'un mythe, un symbole, dans la virginité des vestales que Rome payait un si haut prix, et qui honorait si publiquement la sagesse des matrones, ne pouvait s'empêcher de se plaindre de ces aventuriers venus de la Judée, qui réformaient les habitudes, changeaient les mœurs, et semblaient ne vouloir rien moins que la suppression de la famille.

Prévoyant la lapidation, il commençait par la défense.

Le langage qu'il prête à la jeune vierge se félicitant du choix de son Époux céleste, est le *Magnificat* de la chasteté !

Pourquoi goûter des délices qui n'existent qu'en passant?

Pourquoi se laisser prendre à l'harmonie enchanteresse mais fausse de ces syrènes dangereuses?

Non, point de cette peine à laquelle Dieu a condamné l'homme coupable : « Vous ENFANTEREZ! » dit-il à la femme, « *dans les tourments et dans les angoisses.* »

Cette loi n'a point été faite pour moi : « *Et vous vous attacherez uniquement à votre mari.* »

Qu'elle s'attache donc à son mari, celle qui n'a point Jésus-Christ pour époux.

Enfin Dieu a ajouté :

« — Et vous mourrez ! »

Voilà le résultat du mariage.

« Il n'y a point de différence de sexe dans la profession que j'ai embrassée.

« J'admets que Dieu a établi le mariage, mais Jésus-Christ et Marie ont consacré la virginité.

« On me dira sans doute : — Comment osez-vous mal parler du mariage que Dieu a béni?

« Préférer la virginité au mariage n'est pas en dire du mal.

« Compare-t-on jamais le mal au bien? »

Il ajoute plus loin :

« Née dans le paradis, maintenez-vous dans les droits de votre heureuse naissance, et dites avec le prophète-roi :

« Retournez, ô mon âme, au lieu de votre repos. »

Et la raison déterminante qui doit porter la jeune fille à cette décision est celle-ci :

« Ève fut le principe de mort pour l'homme et Marie la source de vie.

« Commencée par une Femme, la virginité a prévalu chez les femmes. »

XIX

On se figure aisément l'effet que produisit sur Stylite la lecture de lettres semblables.

On ne les lui avait remises qu'avec une sorte de crainte ; la vivacité de son imagination, la tendresse native de son cœur faisaient craindre chez elle une de ces résolutions spontanées, soudaines, que le raisonnement n'a point assez mûries.

L'on accuse souvent les religieuses de posséder l'esprit de prosélytisme, d'attirer à elles les jeunes filles, de surprendre leur candeur et de tourner les premiers élans de leur âme vers l'Époux céleste.

Nous nions d'abord ce sentiment, cet instinct, ce but en elles.

Sans doute, elles sont de l'avis de saint Paul, de l'avis de saint Jérôme ; elles se réjouissent d'avoir eu la meilleure part, mais elles en profitent pour louer Dieu davantage, et non point pour aveugler les enfants dont la garde leur est confiée.

Un peu de raisonnement suffirait, du reste, pour dissiper cette prévention.

Les jeunes filles élevées dans un couvent se trouvent dans un milieu doux et salutaire. Les voix qui leur parlent sont douces, les visages qu'elles voient sont recueillis, la *joie du Seigneur* respire dans ces entretiens et semble former l'air même que l'on respire.

D'un autre côté, elles savent et par leur famille, et par les livres, et par les prêtres, et par l'évidence que le monde est semé d'écueils, et la peine y croît dans toutes les voies.

Ici les chants pieux, les lentes psalmodies, les repas ennoblis par le silence, la régularité qui fait la dignité de la vie, la modestie qui semble le voile de la beauté et l'attrait de le grâce même ; les longues prières qui reposent le cœur, les méditations qui élèvent l'esprit, les entretiens qui font germer l'enthousiasme, les travaux qui occupent les mains et que sanctifie l'intention, les œuvres de miséricorde pratiquées à l'égard de tous, puisque le Christ n'a fait exception ni des Gentils ni des Juifs, le repos avec la nuit sereine, les offices du crépuscule, les matines de l'aurore, tout ce qui anime cette vie froide en apparence, tout ce qui *séraphise* cette existence que l'on croit abaissée à des mesquineries terrestres ; de l'autre, les soucis qu'entraîne la famille, les déceptions de l'orgueil, les inassouvissements du plaisir, les satiétés de l'abus, les tentatives insensées pour réveiller le désir qui meurt, étouffé sous les satisfactions qu'on lui donne, les pertes successives des amitiés sur lesquelles on s'appuie, et dont chacune, en s'éloignant, nous laisse un vide et une blessure ; — et vous voulez que voyant, entendant, jugeant, la jeune fille, épouvantée de l'avenir, ne se tourne pas, les bras tendus, vers le cloître qui l'abrite, la défend et la sauve !

Cela est si naturel que les religieuses n'ont rien à faire pour y contribuer ou y réussir.

Il n'est guère de jeune fille qui, pendant son séjour au couvent, n'ait fait le rêve d'y rester.

Beaucoup, oui, c'est notre conviction, sont appelées, peu sont élues.

Suivre sa vocation, la grande chose !

La manquer, l'immense malheur !

Rien ne réussit plus dans l'existence, quand le chemin que Dieu assignait à une créature a été abandonné pour un autre.

Nous n'en concluons point que le salut devienne impossible ; nous soutenons seulement qu'il est alors d'une difficulté extrême

Tout est troublé dans l'intelligence, tout vacille dans l'âme ; la foi et la vertu peuvent périr dans le naufrage de la vocation.

A celles que Dieu avait choisies pour embrasser l'arbre de la croix, quelles consolations pourront suffire ?

Que tout semblera froid, désenchanté, privé d'espérance, d'air et de liberté céleste, à la colombe appelée par la voix du Bien-Aimé et qui a fui dans la Cité ?

La douleur la plus morne peut s'emparer d'une femme qui s'est trompée ; il lui semblera qu'elle roule et qu'elle tombe dans un gouffre... son esprit aveuglé ressemblera à ces oiseaux des nuits qui frappent la lumière de leurs lourdes ailes, et ne réussissent qu'à s'y brûler.

Pauvres infortunées !

Hélas ! le plus souvent, la faute n'en est point à elles, mais à la famille.

On a craint l'influence du prêtre, celle de la religion, et l'on impose le mariage afin d'être sûr que l'espérance fondée sur eux sera déçue.

On jette la fille innocente du cloître, où le temps du noviciat la prépare aux difficultés, aux luttes, aux habitudes de la vie monastique, dans le mariage, qui n'a ni transition, ni issue.

Si la jeune fille ne pouvait supporter l'austérité du cloître, si son caractère se révoltait contre l'obéissance, si ce qu'elle a pris pour une vocation sérieuse, n'était que le résultat d'un moment de ferveur, que le temps a refroidi et dissipé, elle peut abandonner le couvent ou rentrer dans le monde.

Qu'aura-t-elle perdu ? Rien.

Pendant une année elle aura vécu paisiblement et chastement, pour rentrer dans la maison paternelle, et fonder à son tour une famille.

Mais si elle se trompe, si un caprice, une question d'intérêt ou d'orgueil lui font donner son acquiescement à un mariage, quelle ressource lui ménagez-vous ?

La loi ne lui en offre aucune.

La religion ne peut lui dire que : « Résignez-vous ! La tendresse des parents devient souvent dangereuse. »

Et il n'y a rien à faire ! rien !

La vocation était ailleurs, et l'on a rien cédé à la fantaisie.

Il y en a beaucoup d'appelées !!!

XX

Ce n'est pas ainsi que les familles chrétiennes accueillent, aux premiers siècles de l'Église, la nouvelle que l'une de leurs filles allait porter la livrée du Christ; quelle allégresse, quel orgueil, quelle joie expansive et sainte qui nous gagne et nous émeut nous-même, en nous humiliant par la comparaison.

« Démétriadès se dépouille de sa robe et de ses parures de luxe, qui lui paraissaient autant d'obstacles à ses desseins; elle dépose ses colliers, ses pierreries et ses perles, qui étaient d'un prix inestimable; et, revêtue d'une robe très-commune et d'une mante plus grossière encore, tout à coup, et à l'improviste, elle se jette aux pieds de Proba, à qui elle ne parle que par ses gémissements et ses larmes.

« Cette sage et prudente femme ne sait que penser de la mise et de l'action de Démétriadès.

« La joie rend sa mère stupéfaite et immobile; toutes deux ne peuvent croire ce qu'elles voient, et cependant elles en désirent la réalité. Agitées de mille pensées confuses, partagées entre la crainte et la joie, rougissant et pâlissant tour à tour, elles se regardent silencieuses.

« Il faut, malgré moi, que je succombe ici sous la grandeur de mon sujet ; je n'oserais entreprendre de raconter des choses que je ne puis expliquer sans les affaiblir.

« Cicéron ici deviendrait muet, et Démosthènes, avec son éloquence si vive et si pressante, paraîtrait morne et languissant, s'ils entreprenaient l'un et l'autre d'exprimer la joie de l'aïeule et celle de la mère.

« Il se passa, dans cette circonstance, tout ce qui peut se dire et se penser.

« Toutes deux pleurent de joie, se jettent au cou de leur fille, la relèvent, car elle était à leurs pieds, dissipent ses craintes, se reconnaissent elles-mêmes dans son choix, la remercie du nouvel éclat que sa virginité procure à leur nom ; lui avouent qu'elle a trouvé le secret de ses ancêtres, et connu celui d'adoucir les malheurs du peuple romain.

« O Dieu ! qui pourrait exprimer quels furent alors le contentement et le ravissement de toute la famille ?

« De cette féconde racine sortirent plusieurs vierges à la fois, les affranchis et les esclaves voulant suivre l'exemple de leurs maîtresses. C'était dans toutes les familles, à qui embrasserait l'état de virginité, et, quoique celles qui s'y engageaient fussent de conditions différentes, toutes aspiraient néanmoins à la même récompense. »

Saint Jérôme s'exprime ainsi en parlant de la fille d'Olibrius, de la famille d'Anitius; et chaque fois que la virginité fait une nouvelle conquête, chaque fois que la robe de bure et le voile d'étamine sont choisis par une élue, l'âme du grand solitaire tressaille de joie.

Il prend à témoin toutes les vertus du ciel, tous les chœurs des anges; il lui semble que les pompes de la terre et celles de la Jérusalem céleste doivent se réunir pour fêter l'union de Jésus avec sa fiancée.

Noces éternelles! indissoluble anneau! palme sans cesse refleurie, gloire sans nuage! qui pourra, qui saura vous chanter, ô fleur des âmes, ô virginité sacrée, bouquet de myrrhe que l'époux place sur son sein.

Dans les élans de sa joie, Jérôme ne loue pas seulement la vierge chrétienne qui donne sa virginité à Dieu avec une joie sans égale, il félicite encore la famille tout entière, la famille que cette vocation bénit et sanctifie :

« Quelle mère ne félicita pas Julienne d'avoir porté dans son sein une vierge si illustre !

« Le foyer domestique a été pour vous l'école de la vertu.

« Ne revendiquez donc pas pour vous seule la gloire qui rayonne de votre couronne de vierge; appelez à la partager les saintes femmes qui vous transmirent par une chaste union leurs pudiques vertus, et qui vous firent éclore dans les embrassements d'une couche sans tache, vous fleur sans prix, et qui doit produire de si excellents fruits si vous vous humiliez sous la main de Dieu, et si vous avez toujours présentes à la mémoire ces paroles de l'Église :

« *Dieu résiste aux superbes, mais il accorde sa grâce aux humbles.* »

Il faut bien en convenir, aujourd'hui, dans la plupart des familles les religieuses ont à subir des oppositions, des luttes sans fin. On donne presque à l'aveugle sa fille en mariage à un homme qui en fait la demande, pourvu qu'il réunisse certaines conditions de position et de fortune ; mais la donner à Dieu ! c'est autre chose : on y regarde à deux fois. Il semblerait que l'on ne trouve pas de garanties. On attend, on espère que cette *fantaisie* passera à la jeune fille ; dans cette croyance, on la conduit dans le monde, on multiplie les tentations autour d'elle ; on essaie de lui donner le goût de la toilette et des choses frivoles ; on s'attache à détourner son esprit des saintes pensées et des destinées sublimes pour l'enfermer dans le cercle étroit des niaiseries et des préoccupations futiles.

On sacrifiera son bonheur, et, s'il le faut, on risquera son âme pour lui arracher du cœur le désir de vivre au couvent.

Et des mères qui agissent de la sorte, affirment qu'elles aiment leurs enfants.

Elles se font gloire de leur conduite ; toute la faute est rejetée sur les communautés, sur les attractions, le prosélytisme, la propagande ; on ne sait de quels mots se servir pour attaquer les ordres religieux dont le seul crime est d'avoir paru plus sûrs dans leur abri que le monde, plus féconds pour la vie éternelle que la bataille de la vie au milieu de ses multiples devoirs.

On met souvent en avant dans le monde cette phrase qui ne dit rien et qui semble contenir tant de choses :

— Combien de religieuses regrettent de s'être liées par des vœux.

Sait-on, d'abord, de quelles précautions infinies, l'Église, si sage, les entoure ?

Se demande-t-on par quelle transition de promesses successives passe la jeune vierge avant d'être attachée pour jamais aux murs dans lesquels elle s'est renfermée, et de se voir dans l'obligation de mourir avec la robe de bure qu'elle a revêtue ?

Il importe fort peu aux antagonistes de la vie cloîtrée, aux pamphlétaires des couvents, de rester dans la limite de la vérité ; pourvu que le livre qu'ils jettent dans la publicité excite un scandale, ce qui est parfois la même chose qu'obtenir un succès, ils sont contents.

Les gens sérieux, les hommes chrétiens, les mères dignes de ce nom, flétrissent de leur mépris de semblables œuvres, qui, en raison de leur manque d'intérêt dramatique et de leur peu de valeur littéraire, ne méritent même pas une réfutation.

Le mal ne se produit point par ces sortes de livres dans les classes instruites et élevées.

Il se fait en bas, dans les régions d'une bourgeoisie mal savonnée, qui croit encore de bon ton de jurer par M. de Voltaire, d'applaudir Diderot, et s'imagine que l'on pleurerait encore aux *Victimes cloîtrées* ou à *Fénélon*, sans tenir compte de la différence des époques où ces pièces furent écrites, de l'influence révolutionnaire qui les couva avant de les applaudir.

Aujourd'hui, des drames pareils seraient sifflés, même par le peuple.

On ne traine pas plus les filles à l'autel pour des mariages, qu'on ne les prosterne malgré elles sur le sol, sous le drap mortuaire.

Seulement, on profite de tout, on tire de tout des inductions; d'un incident l'on fait un roman; de découpures d'articles de journaux plus ou moins véridiques et plus ou moins bien ajustés, on bâtit quelque chose qui a l'apparence d'un ouvrage, parce que cela a été fait en deux volumes, imprimé avec luxe, et que, sur les quinze cents exemplaires jetés le premier matin dans la circulation parisienne, on avait déjà trouvé le moyen d'inventer trois éditions. Le public se laisse prendre parfois à ces pipeaux qui ne trompent ni les journalistes, ni les critiques. On attend un livre gros de révélations, on ne trouve que des pages noires d'encre et baveuses de fiel. Pourquoi? contre qui? contre les couvents!

Eh! que font-ils grand Dieu! sinon prier pour ceux qui les méconnaissent et les calomnient!

XXI

Une des stations du chemin de la Croix nous a toujours paru merveilleusement divine de la part de Jésus, merveilleusement humaine de la part de celle qui eut la joie douloureuse d'approcher alors le Sauveur des hommes.

Les Juifs, plus confiants que nous, sans doute, dans la résurrection glorieuse qui suit la mort des justes, ne craignent ni les linceuls, ni les voiles de deuil; Séraphia est sortie de sa maison, portant autour du cou, en signe de douleur, un voile de laine blanche.

Elle sait que Jésus va passer...

Non plus dans sa gloire de prophète, semant les miracles sur ses pas; non plus dans la joie de son triomphe populaire, mais environné d'une multitude ameutée de bas peuple, de soldats, d'espions des grands-prêtres, et de gens soudoyés par les Pharisiens.

On court peut-être danger de vie à le reconnaître, à le défendre...

Judas l'a trahi, Pierre l'a renié...

Les disciples sont en fuite...

Les femmes restent !

Groupe pleurant et sacré ! Phalange dévouée.

Les voilà toutes : Jeanne de Chuza, Marie, mère de Jacques, Marie-Salomé, Madeleine, et la Mère, la Mère désolée que nul ne dit plus « bénie entre toutes les femmes, » et dont personne ne loue plus le sein fécond.

Séraphia les voit, à son tour elle s'avance, presse la foule, sans entendre les injures qu'on lui adresse, sans voir les regards qui la menacent, sans sentir les traitements brutaux et les coups qui l'accueillent.

Elle tombe à genoux devant son Maître.

Cette face est devenue méconnaissable... Les yeux tuméfiés sont gonflés de pleurs, le corps n'est qu'une plaie, le sang ruisselle du front de chaque blessure faite par la couronne d'épine...

Séraphia essuie ce visage défiguré qu'elle reconnaît et qu'elle adore ! Et pendant le rude trajet du Calvaire, le voile de Séraphia et les sanglots des filles de Jérusalem seront les seuls adoucissements de celui qui est *un ver et non pas un homme!*

Chaque fois que nous nous sommes demandé ce que sont les couvents, nous avons songé à Séraphia.

Et un jour, dans l'angle d'une chapelle, en face de cette station, sur laquelle on ne peut méditer sans verser des larmes, nous avons songé qu'il manquait, à notre époque de démoralisation et de blasphêmes, à cette époque où l'on trouve que les couvents sont en trop grand nombre, un ordre qui n'existe point encore, et que Dieu peut inspirer de fonder à quelque grand esprit : *les Véroniques.*

Elles feraient ce que fit Séraphia ; elles essuieraient la face de Jésus !

Larmes et crachats, sang et poussière, elles purifieraient tout. Leur unique mission serait la prière réparatrice, en vue spéciale des livres qui insultent Dieu, sa religion, ses serviteurs et ses servantes.

A mesure que la grande voix de l'abomination monterait, celle de la supplication se ferait entendre.

Il nous semble que cette idée est grande, et qu'un jour peut-être l'accent lamentable de l'intercession s'élèverait vers le trône de Dieu.

Il existe un ordre fondé pour réparer les outrages faits au Sauveur, caché sous les voiles du Sacrement ; pourquoi n'en fonderait-on pas un pour obtenir grâce et miséricorde, au nom de ceux qui nient son nom, outragent sa morale et dénaturent son Évangile.

Il suffit de ce grain de sénevé jeté dans une âme pour produire de grands fruits.

Nous abandonnons la graine au vent du Seigneur ; s'il lui plaît, il peut souffler un vent céleste, qui la portera dans un champ fertile.

XXII

Lorsque Stylite, au bout d'un grand mois de souffrances, put quitter sa chambre et descendre au jardin, ses compagnes ne la reconnurent plus.

Elle avait beaucoup grandi, et son visage, changeant sous l'impression de sa pensée, elle semblait si posée, si grave, si en dehors des autres, que de l'élève d'autrefois il ne restait rien.

Elle était certainement changée à son avantage, et pourtant sa mère s'attrista en la voyant ainsi.

Elle sentait que sa fille lui échappait.

Désormais, Stylite aspirait au ciel.

Ses entretiens avec mère Sainte-Madeleine ne roulèrent plus seulement sur la poésie, elle y associa des idées religieuses, et la double vocation qui venait de se manifester en elle, ne devait jamais varier ni s'éteindre.

A partir de ce temps aussi, elle devint profondément malheureuse.

Sa famille montra un antagonisme déclaré contre le

cloître ; elle dut refouler ses intimes pensées dans la crainte qu'on les raillât. Et le cœur saigne si douloureusement en dedans, quand il ne peut étaler sa blessure.

Stylite priait et pleurait, sans désespérer pourtant, en disant : j'attendrai!

La majorité ne donne-t-elle pas la liberté?

Que sont quelques années de patience en comparaison du prix qu'elle attendait au terme.

Mais Stylite eut bientôt à combattre doublement.

Mère Sainte-Madeleine s'alarma de ce qu'elle prit d'abord pour une résolution subite, et qui n'était au fond que la conséquence logique de toute la vie de cette enfant.

Qu'avait-elle fait depuis qu'elle possédait l'usage de sa pensée? On eût dit qu'elle avait un seul but, se préparer à l'existence du cloître, et que son précoce amour pour la prière et la pénitence étaient les insignes que Dieu laissait pour garantir l'avenir.

Mère Sainte-Madeleine se contentait de lui répondre :

— Attendez, réfléchissez!

Stylite comparait alors, avec l'entraînement de sa nature éloquente, quand elle se passionnait, la vie du monde à celle des monastères ; sans connaître ce que les plaisirs pouvaient avoir d'entraînement, elle les repoussait ; le Christ sanglant et couronné d'épines était le seul époux qu'elle voulut accepter.

Et cependant, qui aima mieux la vie religieuse que mère Sainte-Madeleine, et qui en fut jamais, au xix⁰ siècle, une plus grande, une plus complète image.

Que Stylite entrât au couvent, pour elle, le doute n'était pas permis.

Elle hésitait seulement sur le choix d'un ordre.

La prière sans l'austérité ne lui suffisait pas.

Le carmel ou la trappe ; elle ne voyait rien que ces deux règles capables de satisfaire ses doubles aspirations.

Sur ces questions, Stylite et mère Sainte-Madeleine s'entendaient.

Et ce fut à l'enfant que la religieuse confia, pour la première fois, qu'elle ne trouvait point assez dure la règle qu'elle suivait.

— J'irai vous rejoindre ! disait Stylite.

Mère Sainte-Madeleine secouait la tête ; hélas ! elle ne croyait pas Stylite destinée au bonheur.

XXIII

Avez-vous jamais visité un couvent?

Si vous l'avez fait, vous êtes-vous imprégné de la poésie intime qui s'en dégage et que l'on y respire? Quoi de plus beau que ces grands cloîtres, pleins d'air et d'espace, ouverts sur des jardins et laissant voir le ciel. Toutes les brises fraîches y soufflent. La promenade y est silencieuse; le cloître a des piliers comme l'église auquel il touche le plus souvent; parfois on lui prodigue les mêmes ornements, et le ciseau des sculpteurs au moyen-âge a lutté de fécondité, de naïveté et de génie pour les décorer.

Connaissez-vous le cloître de Saint-Trophime, à Arles?

Quelle richesse dans l'ornementation de ces piliers! que ces colonnes sont sveltes, et que toute la poésie de la nature est merveilleusement réalisée dans cette flore de pierre où semble palpiter l'inspiration du sculpteur. Dans le temps où l'on créait ces merveilles, chaque coup de ciseau était compté comme une prière. L'imagination embrassait avec ferveur ce mode d'invocation.

La méditation développait le génie.

Les hommes qui fouillaient la pierre et qui sculptaient le marbre étaient chrétiens avant d'être artistes.

Une génération active pour la foi ne pouvait donner que de sérieux successeurs aux hommes naïfs et pieux, qui peignirent ou ciselèrent les premiers symboles de résurrection sur les cercueils de granit des Catacombes.

Les siècles des croisades ont été les siècles de l'architecture.

Les églises et les couvents rivalisèrent de grandeur.

Le luxe s'y faisait noble, plutôt que riche.

On n'employait que la pierre, mais elle empruntait sous le ciseau une valeur inappréciable.

Dans quelques églises nous voyons aujourd'hui des colonnes de lapis et de malachite, ces pierres que les femmes portent en bijoux; mais on n'élève plus la flèche de Strasbourg, et l'on ne ferait pas plus le chœur de Chartres que les vitraux de Rheims.

Quand on traverse un cloître, quelque léger, quelque incrédule que l'on soit, on est saisi par un profond sentiment de respect; la raillerie expire sur la bouche habituée à laisser le sarcasme, le regard hardi se baisse, la démarche devient grave.

Celui qui est capable de profaner un cloître par le rire, celui-là est bien malheureux! car jamais il ne songera à demander qu'on lui en ouvre un pour mourir.

Jadis, un grand nombre de femmes et de reines donnèrent un touchant exemple d'humilité, de respect pour les cloîtres; et quand l'heure de leur mort approchait, elles demandaient qu'on les transportât dans un monastère : n'ayant pas eu le bonheur d'y vivre, elles imploraient du moins la faveur d'y mourir.

Les grandeurs, qui passent et qui allaient leur échapper, les ambitions satisfaites ou déçues, tout venait expirer sur ce seuil béni.

Un habit de laine remplaçait les étoffes précieuses; environnées de religieuses, de saintes, d'anges, elles rendaient au Seigneur une âme qui avait imploré la joie suprême d'habiter sa maison pendant les derniers instants de leur vie périssable.

Quelle douceur devait inonder ces cœurs éprouvés par tous les maux de la vie, quelle paix remplaçait les agitations politiques ou les maux de la passion.

Puis, ces reines, ces princesses, ces grandes dames, car les cloîtres, fondés par elles, recrutaient dans leurs rangs leurs abbesses et leurs sœurs, leur offraient presque toujours les caresses de la famille en même temps que les bénédictions de la foi.

Des générations entières se succédaient dans les cloîtres sacrés.

Quand le veuvage rendait la liberté à l'épouse, elle ne restait dans le monde que si l'intérêt de ses enfants lui en faisait un devoir; cette tâche remplie, elle se tournait vers Dieu.

Souvent, surtout au moyen-âge, le veuvage suivait de

près une union chère au cœur, des guerres fréquentes amenant des deuils nombreux ; éprouvée par les mêmes douleurs que celle qui l'avait élevée, mariée, aimée, la fille rejoignait sa mère, emmenant avec elle une enfant bégayant à peine.

C'est ainsi que se formaient des vocations que nul ne conseillait, mais dont on accueillait la révélation avec des actions de grâce.

Pourquoi s'étonnerait-on de voir la jeune fille préférer le calme virginal et fervent du monastère aux déchirements de cœur qu'elle savait avoir été subis par son aïeule et par sa mère ?

L'asile était tout trouvé ; elle y restait ; confiante, elle priait sur les tombes de celles qui la quittaient en lui montrant le ciel, et se vouait, soit à l'éducation des enfants, soit aux arts, qui occupaient alors une partie du temps des femmes dans les couvents.

Charlemagne avait commencé à exiger que ses filles travaillassent de longues heures à l'enluminure de manuscrits précieux. Emma, Berthe, Rotrude et leurs sœurs excellaient dans les copies et l'ornementation.

Quelques savants attribuent à Adda, sœur de Charlemagne, le précieux manuscrit appelé le *Livre d'or*, et conservé à la bibliothèque de Trèves.

Le vélin en est d'une remarquable fraîcheur, de même que les caractères, qui sont tracés par une main habile et assurée. Ce volume, relié de vermeil, ciselé comme une coupe, garni de pierreries comme une couronne royale est un des plus beaux monuments du talent de calligraphie de ce temps.

Ce n'est pas, cependant, le plus riche qui nous reste ; et, sous le rapport des souvenirs et des chefs-d'œuvre la France n'a rien à envier à la Prusse rhénane.

Après la cathédrale de Strasbourg, la plus merveilleuse chose que l'on puisse voir dans cette ville est le manuscrit laissé par l'abbesse Herrade de Landspeig. Il porte la date de 1182.

Herrade était savante, son manuscrit du *Jardin des délices* en fait preuve ; elle touche à la religion, à la philosophie, à l'astronomie. Sa plume et son pinceau ont une égale éloquence. La richesse de son imagination éclate à chaque pages dans les sujets qu'elle représente.

Fille du cloître, elle s'attache à la Bible et à l'Évangile. Gustave Doré, le grand artiste, prépare en ce moment une bible illustrée qui, sans doute, sera merveilleuse, mais elle ne pourra surpasser, par certains côtés, l'œuvre de la noble Herrade :

C'est d'abord le Christ, paraissant dans sa gloire, entouré d'anges couronnés de nimbes d'or, et récompensant les justes des victoires qu'ils ont remportées ; puis, la création du monde, le jour et la nuit, les animaux animant l'eau, la terre et l'air ; l'étude du Zodiaque et des signes qui le composent. La création de l'homme. Pour bien faire comprendre que l'âme d'Adam est une partie divine, c'est de la bouche de Dieu que part le souffle brûlant qui anime la forme mortelle et périssable, tirée de la boue et pétrie par les mains du Père des mondes. Quand cette œuvre est achevée, Dieu la regarde ; il pose une main caressante sur la tête d'Adam, et semble dire ce que nous répète Moïse après chaque période de la création : *Et il vit que cela était bien!*

Ensuite vient la naissance d'Ève. Comme si Adam prévoyait les maux que sa compagne lui suscitera par ses suggestions, il semble faire le plus pénible et le plus douloureux des rêves, pendant qu'elle s'élance radieuse dans la vie. L'arbre sous lequel il est endormi est couvert d'énormes feuilles d'achante, entre lesquelles se montre une tête d'esprit ou d'ange.

La faute suit la défense, et la honte naît du crime ; c'est en se cachant les yeux de leur main qu'ils cueillent les feuilles destinées à voiler leur nudité.

Le châtiment succède au crime ; dans la page suivante, l'abbesse Herrade vous montre Ève vêtue d'un court jupon rouge, filant sa quenouille à côté d'Adam qui bêche la terre. Évidemment, il s'est glissé ici un anachronisme ; c'est Noëma, l'une des filles de Caïn, qui inventa l'art de filer la laine.

Les bibliques récits de la mort d'Abel, de la construction de l'Arche, se trouvent interrompus par une peinture représentant les neuf Muses, des allégories sur les sciences abstraites, des portraits des adorateurs du soleil et de la lune, les étoiles, les plantes, la mer et le feu.

Cette excursion faite sur le domaine de la science, les illustrations bibliques continuent :

Le buste de la femme de Loth, le feu du ciel, Esaü revenant de la chasse porteur d'un lapin, l'histoire de Joseph, se déroulent sur le vélin avec une magnificence inouïe.

Quand Herrade représente des sujets de bataille, elle habille les combattants en chevaliers Normands du xie siècle.

Elle suit la Bible pas à pas, semant partout la richesse de ses créations et la magie de ses couleurs.

On sent qu'elle se trouve bien plus à l'aise quand elle ouvre les ailes à son imagination féconde, et peut dérouler les mystères du symbole et les profondeurs du mythe.

Ainsi, quand elle élève le Christ en croix, elle place au pied l'Église, assise sur la Bête de l'Apocalypse, la Synagogue a les yeux couverts d'un bandeau et tient à la main un faisceau brisé ; plus loin, elle nous la montre plongée dans la piscine probatique, devenue celle du baptême, et marquée, comme la gentilité, du sceau du Christ.

Quelques-unes des pages d'Herrade portent l'empreinte d'un mysticisme étrange ; son Christ écrasé par le pressoir, et remplissant de son sang les coupes du sacrifice est une conception puissante.

Il en est une autre à laquelle elle donne ce titre : *Les Mères criminelles*, et représentant des femmes dévorant leurs enfants.

Quant aux scènes du jugement dernier, Herrade y devance Michel-Ange par la variété des supplices auxquels elle les condamne; personne n'échappe à la satire vengeresse de cette artiste, armée du fouet qui chassa les vendeurs du Temple. Elle touche à tout; elle a des moments sublimes; quelques-unes des tortures auxquelles elle soumet les damnés ne seront jamais dépassées.

Herrade a laissé un véritable monument dans ce *Jardin des délices*, qui a dû occuper des années de labeur et de rêveries.

Il est bon d'avoir à opposer ces preuves magnifiques à ceux qui croient de bon goût de parler sans cesse de la vie inutile des recluses de cette époque. Ce manuscrit, en nous donnant la mesure du savoir d'Herrade, nous fait deviner et comprendre combien d'autres merveilles ont dû éclore grâce à l'ombre sainte des monastères, à une époque où, l'imprimerie n'existant pas, c'était véritablement accomplir une œuvre pieuse que de travailler à populariser, à répandre la science, par la multiplication des copies.

On peut croire que cette occupation paisible, recueillie, sérieuse et convenant si merveilleusement au caractère des femmes et à leur solitude, fut une de celles qui leur devint la plus familière.

L'art de l'enluminure touchait à tout :

A la légende et à l'Évangile, par les sujets traités dans les miniatures; à la peinture, par les reproductions d'oiseaux, de papillons, de plantes; à la fantaisie, par les enroulements dont elle encadrait ses pages, la diversité avec laquelle elle variait les fleurs et les feuillages, le caprice qui présidait au dessin de ses chimères, de ses licornes, et de toute la faune de cette époque, née en partie du cerveau des artistes, et, d'un autre côté, des récits merveilleux des croisades. Les pélerins rapportaient de la Terre-Sainte des idées nouvelles; ils avaient vu, sous un ciel nouveau, des arbres différents peuplés d'oiseaux rares; ils avaient trouvé les déserts remplis de monstres grossis et dénaturés par une imagination active ou épouvantée.

De là ce nombre grandissant de légendes arrivant dans les monastères par la bouche des moines qui revenaient de Jérusalem, ou par les entretiens de la dame d'une seigneurie voisine du couvent, qui venait y passer les mois d'un veuvage temporaire, et se réfugiait, moitié par attraction religieuse, moitié par le sentiment de terreur qu'inspiraient des voisins dans lesquels, presque toujours, il fallait voir des compétiteurs et des ennemis.

Plus tard, quand la bénédiction du moine leur avait été donnée, et que les pieds qui avaient foulé la poussière des chemins de Bethléem s'étaient éloignés du seuil du couvent, ou que la noble dame, rappelée par son époux, rentrait dans le castel héréditaire, les religieuses, se souvenant de ces récits, en reproduisaient les fantômes poétiques sur les marges des grands livres aux feuillets de vélin.

XXIV

Parmi les figures d'abbesses qui illustrent davantage le moyen âge se place, pour les dominer toutes, celle de Hrosvitha.

L'abbaye de Grandersheim, qu'elle dirigeait, fut, au xe siècle, ce que Saint-Cyr fut au xviie.

On y joua la tragédie, la tragédie sacrée, et ces pièces, représentées en grand apparat dans la salle du chapitre, avaient pour spectateurs, non-seulement l'évêque de Hilddesheim, sous la juridiction duquel l'abbaye était placée, mais encore tout le clergé diocésain, les nobles dames de la maison de Saxe, leur suite, et enfin, aux derniers rangs, quelques manants et les serfs de la riche et puissante communauté.

L'abbaye de Grandersheim paraît, dans l'éloignement de l'histoire, comme un oasis merveilleux au sein d'un désert de la Barbarie.

De l'époque où Hrosvitha écrivit et fit jouer ses pièces, date véritablement l'ère théâtrale, que des auteurs, trop peu informés, font remonter seulement à la représentation de nos Mystères. Peut-être répondraient-ils, si on leur adressait cette objection, qu'en faisant l'histoire du théâtre ils n'entendent parler que de la France ; on pourrait leur objecter qu'à cette époque la langue latine était la langue universelle et que les drames de Hrosvitha étant écrits en latin, appartiennent à la critique universelle.

Le génie de cette femme célèbre précéda celui de Lope de Vega, de Calderon et de Corneille.

Disons quelques mots de l'abbaye de Grandersheim.

L'histoire d'un couvent est celle de presque tous.

Le moyen âge ne sort de la barbarie qu'en passant par le cloître.

Toute civilisation nous est venue de là.

Et c'est pour cette raison qu'il est non-seulement curieux, mais précieux d'étudier les diverses ressources que puisa, dans ces fondations, le peuple, accablé et méprisé ; et si intéressant de suivre le sauvetage lent, mais sûr de la langue et de la littérature, accompli dans ces asiles remplis de paix et de silence.

L'abbaye de Grandersheim, de l'ordre de Saint-Benoît, fut fondée, ou plutôt restaurée en 852, par un des arrières petits-fils de Witikind ; par ce côté, elle se rattache à notre histoire. Il avait nom Ludolfe, comte de Saxe. Il entreprit cette œuvre à la prière d'Oda, princesse franque.

Le premier siége du monastère fut à Bruinshusen ; dès 850, l'espace devenait insuffisant.

Ludolfe transféra cette maison sur les bords de la Granda, au milieu de forêts et de bruyères qui, plus tard, devinrent Grandersheim.

Les premières religieuses de cette communauté furent les cinq filles de Ludolfe.

Sa veuve acheva cette œuvre en 859, et y mourut à l'âge de 107 ans.

Ce monastère ne compte dans la liste de ses abbesses que des princesses de sang impérial et ducal.

Hathumoda, Gaberge et Christine, toutes trois filles du fondateur Ludolfe, administrèrent l'abbaye sous la direction de leur mère.

Par un touchant retour vers ce souvenir, Hrosvitha, dans l'un de ses drames, nous montre Sapience, une admirable chrétienne, creusant elle-même la tombe de ses trois filles.

En 879, la peste et la famine ravagèrent le pays, Hathumoda fut rappelée à Dieu. Elle n'était âgée que de 33 ans. Les funérailles se célébrèrent avec la pompe due à une noble fille et à une sainte; elles furent présidées par Wichbut, moine au couvent de Corbie, en Saxe, religieux à l'abbaye de Lampspruig, et qui, plus tard, devint évêque d'Hildesheim.

On a conservé les funèbres improvisations appelées *Nenies*, que l'on prononça sur la tombe de la vierge du Seigneur.

Gaberge succéda à sa sœur dans le gouvernement du monastère. Elle avait été mariée à Bernhart, qu'elle quitta pour embrasser une vie plus parfaite; malgré ses prières, elle résolut de ne jamais quitter le couvent, et son époux, dont le cœur se trouvait rempli de pensées de haine et de colère, trouva la mort dans la première bataille à laquelle il prit part.

Hrosvitha a tiré parti de cette situation dans le drame : *Gallicanus.*

Chacune de ses œuvres se rattache à un souvenir de l'histoire de son monastère ; la fiction dont elle se sert ne suffit pas pour masquer les personnages, et l'on doit comprendre quel effet produisaient des représentations toutes palpitantes de vérité, toutes imprégnées de vraies larmes, et combien grande devait être l'émotion des spectateurs qui, peut-être, avaient été primitivement les acteurs du drame réel.

Hrosvitha a dialogué et mis en action la chronique de Grandersheim.

Christine succéda à sa sœur, et fut encore ensevelie par sa mère.

Nous trouvons une incomparable grandeur dans ces chroniques des anciens monastères. Rien ne nous semble plus digne, plus céleste que cette mère entourée de ses cinq filles, sur la tête desquelles elle a posé le voile des vierges. Dieu veut qu'elle leur survive, elle se console en songeant qu'elles l'attendent et meurt pleine de mérites et de jours.

Hrosvitha, la gloire du monastère de Grandersheim, vint au monde après la mort d'Othon, l'illustre duc de Saxe, père d'Henri l'Oiseleur.

C'est d'après les pages qu'elle a laissées qu'on peut

établir les dates, elle indique celle du 30 novembre 912 ; mais ailleurs, elle se donne comme plus âgée que la fille d'Henri, duc de Bavière, Gaberge II, sacrée abbesse de Grandersheim en 959. Ce qu'il y a de certain, c'est que Hrosvitha naquit entre 912 et 940. Elle avait vingt-trois ans quand elle entra au couvent, et commença à écrire deux années plus tard.

Ses maîtresses furent Rikkarde et Gaberge II elle-même, qui, quoique plus jeune, lui était encore supérieure.

Hrosvitha gardait, malgré son humilité, le sentiment de sa valeur ; ce qui nous a frappé dans la préface de l'une de ses œuvres, c'est le sentiment qu'elle possède de l'impuissance où se trouve l'écrivain de produire ce qu'il veut et quand il veut.

Nul ne devrait avoir moins d'orgueil que le poète ou le dramaturge.

Quand il écrit, il le fait sous une influence qu'il ne lui appartient ni d'appeler, ni de renouveler.

L'inspiration est un don gratuit.

Il n'a pas le droit de la faire descendre.

N'est-ce pas une étrange infériorité ! et peut-on être fier de ce que l'on produit quand on n'est pas libre de produire encore, de produire toujours.

Des années peuvent s'écouler sans qu'il nous soit possible de composer une œuvre ayant quelque valeur. Et, si celui qui a donné un ouvrage inspiré, tente de lutter contre l'engourdissement qui l'envahit et d'écrire quand même, il ne met au jour qu'un livre aligné, incolore, le plus souvent insupportable.

L'inspiration, c'est la langue de feu illuminant dans le Cénacle le front des Apôtres.

Et Dieu seul fait descendre l'Esprit de lumières !

« D'une part, dit Hrosvitha, je me réjouis du fond de
« l'âme de voir louer en moi Dieu, dont la grâce seule
« m'a faite ce que je suis ; d'autre part, je crains que
« l'on ne me croie plus grande que je ne suis ; car je
« sais qu'il est également blâmable soit de nier ces
« dons gratuits du ciel, soit de feindre qu'on les a
« reçus quand cela n'est point. Ainsi, je ne nie pas,
« qu'aidée de la grâce du Créateur, je n'aie acquis
« quelque connaissance des arts, par une puissance
« qu'il m'a prêtée, car je suis une créature capable
« d'instruction, mais je confesse que je ne saurais
« rien, livrée à mes seules forces ! »

Tous les écrivains devraient se souvenir de cette profession de foi littéraire et se l'appliquer.

L'œuvre de Hrosvitha est énorme ; elle comprend :

1° *L'Histoire de la Nativité, de l'Immaculée Vierge Marie*, mère de Dieu, tirée du *Protévangile* de saint Jacques.

Le titre seul de cet ouvrage prouve victorieusement à ceux qui disent que l'Immaculée-Conception est un dogme né d'hier, pour tenter de réveiller la foi endormie, qu'il date des premiers siècles de l'Église.

2° *L'Histoire de l'Ascension de Notre-Seigneur*, d'après un récit traduit du grec en latin, par Jean, évêque.

3° *Passion de saint Gandolfe*, au vɪɪɪᵉ siècle, d'après le dramatique récit des Bollandistes.

4° *Le martyre de saint Pélage, à Cordoue.* Le fait, que relate cet opuscule, se passa du temps d'Addérame II, lors de l'expédition de ce prince contre les troupes de la Galice.

5° *Chute et conversion de Théophile, vidame ou archidiacre d'Adora en Cilicie;* ce récit de Hrosvitha ne fut sans doute écrit que pour glorifier l'abbesse qui succéda à Christine, laquelle arracha au démon la *cédule* d'un jeune imprudent. Cette légende, transmise de siècle en siècle, a été refaite plusieurs fois, et sa dernière mise en scène est un immortel chef-d'œuvre. Le trouvère Babeuf en tire le *miracle de Théophile*; le *Faust* de Gœthe résume ces incarnations d'êtres tentés par Satan et cédant à ses suggestions au point de lui vendre leur âme.

6° *Histoire de la passion de saint Denis.*

7° *Histoire de la passion de sainte Agnès.*

Enfin paraissent les drames.

Nous avons dit plus haut que celui de *Gallicanus* contient l'histoire de Bernhart et de Christine; nous y trouvons ce beau passage, qui devait impressionner vivement celles qui l'entendaient dire :

« O Christ! amant de la virginité, toi qui souffle la
« chasteté dans nos cœurs et qui, exauçant les prières
« de ta sainte martyre Agnès, m'as préservée à la
« fois de la lèpre du corps et des erreurs païennes;
« toi qui m'as montré pour exemple le lit virginal

« de ta mère, où tu t'es manifesté vraiment Dieu ;
« toi qui, avant le commencement des choses, naquis
« de Dieu le Père dans le temps, est né du sein d'une
« mère ; homme véritable, je t'en supplie, vraie
« sagesse, co-éternelle à celle du Père, qui créas,
« maintiens et gouvernes l'univers, fais que Galli-
« canus qui veut éteindre, en se l'appropriant, l'amour
« que je te porte, renonce à son injuste dessein et
« soit attiré vers toi ; daignes aussi prendre ses filles
« pour épouses, et fais pénétrer goutte à goutte dans
« leurs pensées la douceur infinie de ton amour, en
« sorte qu'abhorrant tous liens charnels, elles méritent
« d'être admises dans la société des vierges qui te sont
« consacrées. »

Dieu exauce les prières de la fille de Constantin, et lorsque son époux revient, Constance lui dit, avec une dignité noble :

« — Aujourd'hui, Gallicanus, le moment est venu
« de vous révéler ce que, pour un temps, j'ai dû
« couvrir d'un voile.

« — Eh quoi ?

« — Ma fille et les deux vôtres sont entrées dans
« la voie sainte que vous avez suivie.

« — Je m'en réjouis ! »

Et ce drame se termine ainsi :

« — Vivez heureuses, ô vierges saintes ! persévérez
« dans la crainte de Dieu, et conservez l'honneur
« intact de votre virginité. »

Le martyre des saintes vierges Agape, Chiomé et

Irène, a inspiré le drame de *Dulcitius*. Dioclétien a mandé à son tribunal les trois sœurs chrétiennes; elles ont résisté aux offres les plus magnifiques, et, par ordre de l'empereur, on va les jeter dans une sombre prison. Tandis qu'on les juge, Dulcitius franchit le seuil du tribunal, les voit et s'écrie, ébloui, troublé :

« — Qu'elles sont belles, ces jeunes filles ! »

Et les gardes lui répondent :

« — Il nous paraît douteux que vous réussissiez.

« — Pourquoi ?

« — Parce qu'elles sont inébranlables dans leur foi.

« — Qu'importe ! si je les persuade par de douces paroles.

« — Elles les méprisent.

« — Si je les effraie par des supplices ?

« — Elles les dédaignent. »

Corneille n'eut pas été plus grand dans sa simplicité.

Plus tard, à la scène III, Dulcitius pénètre dans leur prison, et demande au geôlier :

« — Que peuvent faire les captives à cette heure de la nuit ?

« — Elles s'occupent à chanter des hymnes.

« — Approchons.

« — Nous pouvons entendre dans l'éloignement le son de leurs voix argentines. »

Le drame de *Callimaque* est le plus fort, et le plus hardiment charpenté. Il renferme même des audaces de conception qui peuvent aujourd'hui nous paraître étranges, mais qui, du moins, sont d'un effet profond, effrayant, qui bouleverse et entraîne. Drusiana, pure et chaste, poursuivie par un homme acharné à sa perte et qui tente de l'écraser par cette parole : « Je n'aurai ni repos ni relâche que je ne t'aie enveloppée et prise dans mes piéges, » tombe à genoux devant le Christ et s'écrie :

« Hélas ! Seigneur Jésus-Christ ! que me sert d'avoir
« fait profession de chasteté, puisque ma beauté n'en
« a pas moins séduit ce jeune fou ? Voyez mon effroi,
« Seigneur, voyez de quelle douleur je suis pénétrée. Je
« ne sais ce que je dois faire. Si je dénonce l'audace de
« Callimaque, je causerai des discordes civiles ; si je
« me tais, je ne pourrai sans votre secours éviter des
« embûches diaboliques. Ordonnez plutôt, ô Christ !
« que je meure bien vite, afin que je ne devienne pas
« une occasion de chute pour ce jeune voluptueux. »

Et le Christ qui l'aime, l'exauce : elle tombe et meurt.

Ce drame renferme des beautés de premier ordre ; il semblerait que Shakespeare y ait puisé quelques-unes des inspirations de Roméo.

Le drame *Abraham* met en scène la conversion de Marie, sa nièce. *Pahnuce*, sujet analogue, a tenté la plume de Hrosvitha. La conversion de Thaïs est d'un mouvement dramatique magnifique. Thaïs est sur la place publique, elle appelle de brillants cavaliers qui jouent.

« — Venez tous ici ! accourez, jeunes gens insensés !

« — C'est la voix de Thaïs qui nous appelle ; allons
« vite, pour ne point l'offenser par nos lenteurs... O
« Thaïs ! Thaïs ! que signifie ce bûcher que vous
« élevez ? Pourquoi y entassez-vous ce nombre infini
« d'objets précieux ?

« — Je veux consumer dans les flammes tout ce
« que j'ai arraché de vous par de mauvaises actions ! »

Le drame de *Sapience* puisé dans la science des Bollandistes, nous montre, sous Hadrien, le martyre des trois sœurs : Foi, Espérance et Charité.

Sapience et ses filles ont été arrêtées.

Voici un fragment de la scène IV :

« SAPIENCE : O mes tendres filles bien-aimées ! que
« le séjour de cette prison ne vous contriste pas ! Que
« les menaces d'un prochain supplice ne vous inspi-
« rent point d'effroi !

« FOI : Nos faibles corps pourront pâlir devant les
« tortures, mais nos âmes ne cesseront d'aspirer à la
« récompense céleste.

« SAPIENCE : Que la maturité de votre courageuse
« raison triomphe de la faiblesse enfantine de votre
« âge.

« ESPÉRANCE : C'est à vous de nous aider de vos
« prières, pour que nous puissions vaincre.

« SAPIENCE : Ma prière continuelle, la plus constante
« est de vous voir persévérer dans la foi, qu'au milieu
« même des jouets de l'enfance je n'ai cessé de faire
« pénétrer dans votre entendement.

« Foi : Pour l'amour de cet époux, nous sommes
« prêtes à mourir. »

Nous ne pouvons résister au désir de citer encore un passage de la cinquième scène.

« Hadrien : Son corps succombe sous les supplices,
« et son âme est toujours gonflée d'orgueil.

« Foi : Vous vous trompez, Hadrien, si vous croyez
« lasser mon courage par les tortures; ce n'est pas
« moi, ce sont vos faibles bourreaux qui succombent;
« la fatigue inonde leurs membres de sueur.

« Sapience : Christ! vainqueur tout-puissant de clé-
« mence, donne à ma fille la force de supporter jus-
« qu'au bout la douleur.

« Foi : O ma vénérable mère! dites un mot d'adieu
« à votre enfant; donnez un baiser à l'aînée de vos
« filles, et ne vous abandonnez à aucune tristesse de
« cœur, car je vais recevoir la couronne de l'Éternité !

« Sapience : O ma fille! ma fille! je n'éprouve ni
« trouble ni chagrin; au contraire, je te dis adieu avec
« allégresse, je baise tes yeux et tes joues en pleurant
« de joie, et je prie le ciel que, sous le fer du bour-
« reau, tu conserves intact le mystère de ton nom.

« Foi : O mes sœurs! sorties du même sein, donnez-
« moi le baiser de paix; et préparez-vous à soutenir le
« combat qui approche. »

Cette scène est d'autant plus belle qu'elle montre, unis dans ce groupe sublime, les sentiments les plus vrais, les plus forts, les plus divins. Sapience, en donnant ses filles au Christ avec un héroïque courage, ne se défend pas d'être mère; elle baise les yeux et les joues de la jeune martyre; elle est couverte de son sang, et elle trouve la force de lui désigner le ciel. Foi est admirable de candeur, de courage et de grâce; si elle parle avec hauteur à Hadrien, si elle raille la lassitude de ses bourreaux, avec quel charme attendri elle se retourne vers sa mère et ses sœurs : « — Dites « un mot d'adieu à votre enfant... donnez un baiser à « l'aînée de vos filles... — O mes sœurs, donnez-moi « le baiser de paix! »

Nous insistons sur ces nuances, parce que les romanciers et les dramaturges, les utopistes et les anti-catholiques ne se font jamais faute de répéter que la religion est l'ennemie née de la famille, et qu'elle en étouffe toutes les saintes tendresses sous ses rigueurs.

Les trois martyres sont magnifiquement racontés; Foi vient d'être immolée et Sapience s'écrie :

« O Christ! en embrassant la tête coupée de ma fille « expirante, en la couvrant de mes plus tendres bai- « sers, je vous remercie d'avoir accordé la victoire à « cette faible vierge.

« ANTIOCHUS : O Sapience! quelles paroles murmu- « rez-vous, les yeux levés au ciel et debout près du « corps inanimé de votre fille?

« SAPIENCE : J'invoque le Dieu créateur de l'univers « pour qu'il accorde à Espérance autant de fermeté « et de courage qu'il en a donné à sa sœur.

« ESPÉRANCE : O ma mère! ma mère! j'éprouve en « ce moment combien vos prières sont efficaces. Elles

« sont exaucées : voyez, pendant que vous priez, les
« bourreaux, hors d'haleine, me frappent à coups
« redoublés, et je n'en sens aucune atteinte... O Cha-
« rité! ô ma sœur bien-aimée et maintenant unique,
« ne vous effrayez pas des menaces du tyran, ne
« redoutez pas les supplices ; tâchez d'imiter l'inébran-
« lable fidélité de vos sœurs qui vous précèdent dans
« le palais du ciel.

« Sapience : Affermissez votre courage, ma fille ; le
« bourreau s'élance vers vous l'épée nue... O Charité !
« ma sainte fille, aujourd'hui unique fleur de mes
« flancs, n'affligez pas votre mère qui attend une
« heureuse issue du combat que vous allez soutenir.
« Méprisez le bien-être présent pour parvenir à la vie
« éternelle, dans laquelle déjà vos sœurs resplendissent
« couronnées de leur virginité sans tache.

« Charité : Mère, soutenez-moi par vos saintes
« prières, jusqu'au moment où j'aurai mérité de par-
« tager la joie de mes sœurs. »

Le sacrifice chrétien est accompli ; les trois vierges
sont moissonnées.

Sapience, dans sa tendresse expansive, forte et caressante, nous semble plus complètement femme que la
mère des Macchabées.

Cela tient peut-être à la nuance qui distingue le juif
martyr de sa foi, du chrétien martyr à son tour de sa
croyance.

Le christianisme a développé le cœur.

La mère des Macchabées est stoïque. Sa fermeté

ressemble aux courages effrayants des femmes antiques de Rome ou de Sparte. Sapience est chrétienne, et tout en paraissant dire : Voyez s'il est une douleur comparable à la mienne? elle s'attendrit, elle pleure; ses prières au ciel sont entrecoupées par les baisers qu'elle donne à ses filles, *fleurs de ses flancs!*

La nuit est descendue...

Le lieu du martyre est désert.

La mère s'y rend le soir suivie de pieuses femmes :

« Sapience : Venez, illustres matrones, et ensevelis-
« sez avec moi les restes mortels de mes filles.

« Les Matrones : Nous répandons des aromates sur
« ces corps délicats, et nous leur rendons des honneurs
« funèbres.

« Sapience : O terre! je te confie ces tendres fleurs
« nées de mes entrailles, conserve-les avec tendresse
« dans ton sein formé de la même matière qu'elles,
« jusqu'au jour de la résurrection, où elles reverdi-
« ront, je l'espère, avec plus de gloire. Et toi, Christ!
« remplis en attendant leurs âmes de splendeurs céles-
« tes, et donne paix et repos à leurs ossements... »

La sépulture est fermée, et Sapience prononce sa dernière prière :

« O Christ! que l'aimable sérénité des anges et la
« douce harmonie des astres te réjouissent! Que la
« science de tout ce qu'on peut savoir, et que tout ce
« qui est composé de la matière des éléments se réu-
« nissent pour te louer...

« Et pour qu'aucun de ceux qui croient en toi ne

« périsse, et que tous, au contraire, jouissent de la
« vie éternelle, tu n'as pas dédaigné d'approcher,
« comme un de nous, tes lèvres de la coupe de la
« mort, et de consommer les prophéties par ta résur-
« rection.

« Dieu parfait! homme véritable! je me rappelle
« que tu as promis à tous ceux qui, par respect pour
« ton saint nom, renonceraient à la jouissance des
« biens terrestres et te préféreraient aux affections de
« parenté charnelle, qu'ils seraient récompensés au
« centuple, et recevraient pour couronne le don de la
« vie éternelle.

« Encouragée par cette promesse, j'ai fait ce que tu
« avais ordonné, et j'ai perdu sans murmure les
« enfants à qui j'avais donné le jour. Ne tarde pas, ô
« Christ! à tenir fidèlement ta promesse; fais qu'au plus
« tôt, délivrée des liens corporels, j'aie la joie de voir
« mes filles reçues dans le ciel, elles que, sans balan-
« cer, je t'ai offertes en sacrifice, espérant que, tandis
« qu'elles te suivraient, ô Agneau de la Vierge! et
« chanteraient le nouveau cantique, j'aurais la joie de
« les entendre et de jouir de leur gloire; espérant
« même que, bien que je ne puisse chanter comme
« elles le cantique de virginité, je pourrai au moins
« mériter de te louer avec elles éternellement; ô toi!
« qui n'es point ce Père, mais qui es de même nature
« que lui; qui, avec le Père et le Saint-Esprit, es
« le seul maître de l'univers; et qui, régulateur
« unique du système supérieur, moyen et inférieur,

« règnes et gouvernes pendant la durée infinie des
« siècles... »

Sapience expire en achevant cette magnifique invocation et les matrones s'écrient :

— Recevez-la, Seigneur ! dans votre sein. Amen !

Ce dévouement possède un caractère incontestable de solennité et de grandeur ; cette mère éplorée, cette Hécate chrétienne, paraît avoir été conçue dans les proportions d'une poétique merveilleuse ; si le nom d'Oda semble caché par respect même pour la sainteté de la fondatrice du monastère de Grandersheim, on le devine dans chaque détail, il éclate dans chaque image et couronne cette œuvre de sa glorification.

Nous avons consacré plusieurs pages à Hrosvitha pour des raisons multiples : d'abord, elle est une des plus imposantes physionomies religieuses de cette féodalité, la moins lettrée des époques obscures ; ensuite, elle prouve victorieusement que les traditions de foi, d'amour de la famille, se gardaient intactes dans les cloîtres calomniés.

Comme religieuse et comme écrivain, l'abbesse savante de Grandersheim domine son époque ; elle a élevé du fond de sa solitude le monument le plus considérable et le moins imparfait du théâtre intermédiaire.

Si l'on compare *Gallicanus*, *Callimaque* aux *Vierges sages* et aux *Vierges folles*, espèces de *Séquences* dialoguées, l'on comprendra combien Hrosvitha dépasse ces compositions naïves. Dans l'abbesse de Grandersheim, on sent un auteur non-seulement nourri des Pères, de l'Écriture et des Hagiographes, mais encore familier avec les vers de Plaute, les comédies de Térence, les odes d'Horace et les *Bucoliques* de Virgile; un écrivain qui n'écrit pas seulement pour être psalmodié du haut d'un jubé, mais pour être interprété par des acteurs pénétrés de leurs rôles, et en présence de tout ce qu'un royaume comprenait de plus illustre par la naissance, de plus fameux par le savoir, de plus grand par la sainteté.

Hrosvitha exerça sur les lettres une influence que l'on ne saurait nier, et l'on est heureux d'avoir cette docte figure à mettre en lumière dans un livre destiné à montrer, sous leur vrai jour, les couvents et celles qui les habitent. On veut se persuader, et l'on essaie de persuader aux autres que les communautés sont des asiles d'ignorance, habités par l'ennui !

Qu'il faut peu connaître ces saintes demeures pour raisonner de la sorte, et que ces allégations prouvent bien que ceux qui les formulent n'ont ni écouté leur mère, ni consulté leurs sœurs, ni feuilleté les manuscrits du temps, ni ouvert les œuvres vivantes, encore aujourd'hui dignes d'une place remarquable ! La critique est la plus sérieuse des armes quand on s'en sert avec justice; mais elle se tourne contre celui qui la manie, quand l'objet qui en fait le fond la dément par de victorieuses certitudes.

XXV

Si la solitude existe quand on a le ciel ouvert au-dessus de sa tête, de sublimes espérances dans le cœur, un cloître pour se promener pendant les heures calmes du soir, de vastes jardins pour respirer un air pur, et la charité animant les âmes des compagnes avec qui l'on passe sa vie, les religieuses trouvent, dans celle qu'elles se sont choisies, des poésies charmantes, des joies sans cesse nouvelles. Il ne faut pas croire que l'habitude émousse dans leur cœur ces jouissances? Au contraire! Chaque jour, leur cellule leur devient plus chère. A la place qu'elles occupent au chœur se rattachent les souvenirs de prières ferventes, de consolations ineffables! C'est dans un cloître qu'elles eurent un soir ces grandes pensées sur la mort, qui leur permirent d'avancer dans la voie de la perfection. Là, au pied de cette statue, il leur sembla que la Vierge-Mère souriait à leur invocation; ici, elles ont avoué une faute qui peut-être serait un acte de vertu pour de faibles créatures vivant dans le monde, et qui, n'étant point en communication avec Jésus ont perdu la fleur de la délicatesse de conscience.

A chaque heure, Dieu leur parle, le Sauveur les appelle, elles répondent à sa voix ; chaque palpitation de leur cœur est pour celui qui se tient *à la porte* et qui frappe.

La cloche sonne pour les arracher au repos. Cette cloche n'est-elle qu'un instrument d'airain, rendant une harmonie plus ou moins argentine? Non ! cette cloche est la voix du bien-aimé qui leur murmure : *Lève-toi, hâte-toi, ma bien-aimée, ma colombe, ô la plus belle, et viens !*

Déjà l'hiver s'est éloigné... l'hiver, c'est le temps où l'on hésite dans sa voie, où le monde jette quelque ombre sur les blancheurs de l'âme et la dispute à Jésus ; saison de luttes, de tourments, pendant laquelle des rafales glacées soufflent sur le cœur qui demande sa route, qui aspire à la vérité, qui cherche la vie !... Maintenant, ce temps douloureux est passé, *les pluies ont cessé...* car les larmes coulent sur ces hésitations qui deviennent des offenses ; le remords de n'avoir pas tout de suite volé vers le bien-aimé saisit l'âme désolée ; mais le sourire de douceur du soleil de justice a dissipé les nuées et fait tarir la rosée amère des larmes. *Les fleurs ont paru sur la terre !* ces fleurs, ce sont les consolations célestes, les mystiques attractions vers la croix, les aspirations vers la pénitence, les délices puisées dans la prière, le bonheur goûté dans la psalmodie. *La saison des chants* est venue, l'âme peut célébrer sa délivrance; elle ne regarde plus en arrière; *la voix de la tourterelle a été entendue dans la campagne*, et sans doute elle répète : « Celle-là est ma fille bien-aimée, en qui j'ai mis toutes mes complaisances. » Ce n'est point assez encore, les fleurs se fanent, et le vent de la sécheresse, les orages de la tentation peuvent effeuiller les plus belles, les plus odorantes, celles qui ont été embaumées sur la montagne du Thabor par les pas de Jésus... Mais *le figuier a montré ses fruits;* les vertus solides ont remplacé la couronne fragile; désormais, l'âme est fixée dans le bien-aimé : l'orgueil s'est éteint en elle, la pauvreté fait ses délices, la chair sanctifiée saigne sous le cilice, son sommeil s'interrompt pour l'invocation ou pour l'action de grâce, elle n'aspire qu'aux biens impérissables; les sept démons sont vaincus; c'est de ce moment que *la vigne en fleurs a répandu ses parfums;* et l'Époux répète presque à toute heure, par la voix de la cloche : *Lève-toi, ô ma bien-aimée, ô la plus belle! viens! O ma colombe! du creux du rocher, des fentes du mur en ruines, montre-moi ton visage, parce que ta voix ravit mon oreille et que ton visage est beau!*

Et la religieuse quitte sa couche, non-seulement sans regret, mais avec joie; son cœur veillait pendant le sommeil, sa lampe était allumée, elle ne fera pas attendre l'époux qui la convie à ses entretiens mystérieux.

Dans les couvents, ces grands royaumes du silence, tout se règle au son de la cloche : tout doit venir d'en haut.

Cet airain devient un organe puissant, divin; ses ordres sont sacrés; il parle, et le vœu d'obéissance revient à la mémoire de celles qu'il convie à un autre devoir.

Ce sentiment de l'obéissance est si grand, que la religieuse, occupée à écrire, n'achèverait pas une lettre commencée, et que même le dernier mot d'une invocation expirerait sur ses lèvres. *L'obéissance vaut mieux que le sacrifice!*

Puérilité, disent quelques-uns; grandeur, répondons-nous; ce sont les effets partiels qui, groupés, produisent des résultats: De cette obéissance passive, souveraine, découle une régularité qui est l'âme de la vie monastique.

Une partie de sa grandeur y est attachée. Non-seulement le temps n'y est jamais perdu, mais encore il est divisé avec une souveraine sagesse.

Une occupation repose de celle qui l'a précédée.

Dans la vie ordinaire, le défaut de coordonnation est un des plus fréquents et des plus dangereux.

Il n'existe jamais dans les cloîtres : la Règle est là! la cloche l'interprète et la rappelle sans cesse.

Voix de la cloche! voix bénie! airain sacré! écho du ciel! tantôt effrayant à notre oreille comme le son de la trompette des anges vengeurs, tantôt doux comme l'*Ave* de Gabriel, comme l'appel de Jésus même! Ah! celui-là qui n'a ni frémi ni pleuré au son d'une cloche, celui qui n'a pas posé son front sur l'oreiller de paille d'un pauvre monastère, celui-là ne connaît point tout ce que la vie peut donner à l'homme. A son cœur il manquera une fibre, à son cerveau une pensée, et la plus féconde de toutes ; à son existence de courses et de labeurs, le repos dans le *jardin fermé*.

Chaque fois qu'une cloche s'éveille, soit majestueuse et faisant planer les tonnerres sacrés de sa voix du haut des tours de l'immense basilique, soit modeste, et s'échappant de la flèche légère d'un couvent bâti sur les pentes abruptes d'une montagne, soit timide, pareille au lointain tintement d'une clochette de pâtre, et indiquant l'oratoire d'un cénobite, elle saura toujours ressusciter en nous le plus grand, le plus saint, le plus sanctifiant des souvenirs...

Seigneur ! les dons que vous nous dispensez sont immenses ! Et cependant je vous bénis moins pour m'avoir fait une intelligence qui tente de s'approcher de votre immensité, une mémoire qui me permet de me souvenir de la magnificence de vos œuvres, une volonté qui me pousse constamment vers un but, que de m'avoir donné un cœur chrétien, et d'avoir abrité ma jeunesse à l'ombre des murs d'un cloître !

XXVI

Les jardins des couvents semblent plus beaux que tous les autres. On se demande pourquoi leur vue impressionne davantage, et quel charme mystérieux ils possèdent? Cela tient peut-être à ce qu'ils vivent davantage par leur destination. Les fleurs magnifiques qui s'y épanouissent ne grandissent point pour se faner dans un boudoir, pour mourir sous la chaleur étouffante d'un bal; du jardin où elles vivaient sous le ciel bleu, elles passent sur l'autel. Les lis sont pour Marie, pour elle aussi les fleurs bleues; les roses rouges, les fleurs qui paraissent arrosées du sang du Calvaire sont pour le Christ. Leur parfum se mêlera à celui de l'encens, elles auront, dans leur existence végétative, rendu à Dieu ce qu'il leur avait donné. L'âme des fleurs est la senteur qu'elles exhalent.

S'il exista des saints comme Charles Borrhomée qui se privait du plaisir de descendre dans les jardins de son couvent, par excès de mortification, il en est d'autres, conduits à Dieu par des voies plus douces, qui ont eu pour les fleurs des prédilections singulières.

Sainte Catherine de Sienne aimait beaucoup les fleurs ; un jour, dans le jardin de son couvent, cueillant une rose qu'elle respira avec délices, on raconte qu'elle s'écria : « — Seigneur ! je vous remercie d'avoir songé de toute éternité à créer cette fleur pour mon plaisir ! »

Saint François d'Assise se plaisait à associer toute la nature à son violent amour pour le Christ. Saint Bonaventure trouvait que les hêtres et les chênes donnaient des conseils salutaires aux hommes. La Bible est pleine de comparaisons tirées de la nature.

L'homme né de la terre doit aimer la terre, sa mère, sa nourrice, qui lui donnera encore son dernier asile. Salomon et David ont écrit sur le grand livre de Dieu des strophes magnifiques. Pour Job, Dieu est *celui qui répand la pluie sur la terre et arrose les lieux déserts.* Le Psalmiste veut-il peindre un juste jouissant d'un complet bonheur, il dit qu'*il sera comme l'arbre planté près du courant des eaux, qui donne des fruits en tout temps, et dont les feuilles ne tombent point.* Quand il veut exprimer son rajeunissement et sa purification par la pénitence, il s'écrie *ma chair a refleuri !* et plus tard, il se compare à un *olivier qui se couvre de feuillage dans la maison de Dieu.* Ce qu'il demande, ce sont *les ailes de la colombe ;* si Dieu s'éloigne de lui, il *criera* comme *les petits de l'hirondelle.* Quand il interprète le langage que l'âme

adresse à Dieu, et ce que Dieu lui daigne répondre ;
quand il dialogue la tendresse du Créateur pour la
créature, et qu'il traduit les prières humbles et ferventes de celle-ci, c'est toujours à la nature qu'il
emprunte ses images les plus charmantes : — *Tu es
une source scellée, — un jardin d'orangers chargés de
leurs fruits et mêlés au nard de Chypre et au fruit des
pommiers; le nard et le safran, le cinnamome et tous
les bois du Liban, et le myrrhe et le sandal y répandent
leurs plus doux parfums. — La fontaine de ton jardin
est une source vive. — Je suis dans mon jardin, ma
sœur, mon épouse,* l'Époux dit de lui-même à la Sulamite : — *Je suis la fleur des champs et le lis des vallées,*
et la Sulamite, lui renvoyant ces louanges, répète aux
filles de Jésusalem : — *Comme le pommier parmi les
arbres de la forêt, ainsi est mon bien-aimé entre les jeunes
hommes.* Les religieux possèdent essentiellement le
sentiment de la nature; saint François de Sales l'asso-
ciait à sa reconnaissance pour Dieu; chaque partie
de la création devenait pour lui une raison de
louanges à donner à Dieu. La religion a toujours
aimé la terre. Elle institua des cérémonies et composa
des prières spéciales pour en bénir les fruits; les
Rogations sont les fêtes des champs par excellence.
Le mois où s'épanouissent toutes les fleurs est à
Marie; jadis, les prêtres ne vivaient que de la dîme.

Si le Sauveur enseignait dans le temple, l'Évangile
nous le montre le plus souvent prêchant la foule du
haut d'une montagne, dans une barque rasant le

bord du Génézareth; dans le désert, à l'ombre des figuiers.

N'aimait-il point de préférence à se promener avec ses disciples dans les bois d'oliviers, au delà de Cédron.

La nature élève l'âme et parle de Dieu.

La nature doit tressaillir sous les pas des saints. Elle convient à tout ce qui est pur, aux élans de la prière, à l'inspiration du poète.

Les couvents des Chartreux, des Trappistes, sont généralement bâtis au sein de sites agrestes et sauvages. Le désert ne manque jamais de majesté. L'âme s'y trouve à l'aise pour converser avec Dieu.

L'un des couvents de femmes dont l'aspect nous a frappé davantage était situé non point au sommet d'une colline, ni sous l'ombrage de bois touffus, mais bâti, humble toit de paille, sur la grève du grand Océan.

Près de Biarritz, perdu dans les sables qui s'élèvent et s'abaissent en petites dunes, selon les caprices du vent, se trouve un couvent de Bernardines. Ces religieuses mènent la vie la plus austère et la plus angélique.

A l'époque où nous visitâmes leur couvent, il ne se composait que d'un bâtiment bas, sans premier étage; le toit était de paille; dans les cellules, non pavées, on marchait sur le sable de mer, semé de coquilles roses. Dans la cellule se trouvait un lit de camp, composé d'une planche sur laquelle une couverture était roulée. Un crucifix, un banc de bois, quelques grossiers vases de terre formaient tout l'ameublement des cellules. Dans le réfectoire, une table sur laquelle se trouvaient une écuelle en terre pour la soupe, et un verre également en poterie, avec une cuillère de bois, était entourée d'un banc scellé. Pour dîner, chaque religieuse prenait son écuelle, et assise sur son banc, tournait le dos à la table. Elles ne se voyaient même point pendant les courts repas d'où la viande, le poisson, l'huile et le vin sont exclus en tout temps.

Dans le jardin, nous vîmes des religieuses bêchant rudement la terre. Tout, dans ce couvent, se confondait dans une teinte uniforme, triste, recueillie, pénitente : le sable qui nous environnait, les toits de paille, les cloisons de sapin, les vêtements blancs des Bernardines. Au loin, la mer grondait, basse magnifique, accompagnant les psalmodies; rien de plus solitaire ne nous est jamais apparu. Ce monastère de filles pauvres comme Jésus lui-même, marchant pieds nus sur le sable de la mer, habitant des cabanes semblables à la crèche, et prenant chaque nuit trois heures de sommeil sur un lit de sapin, qui devait leur rappeler le dur bois de la croix, est resté dans notre souvenir comme un tableau unique auquel rien ne manquait : ni l'isolement, dans lequel Dieu conduit l'âme afin de lui parler au cœur; ni la grande voix de l'Océan venant expirer sur la limite que le Seigneur lui trace; ni l'horizon infini qui agrandit le vol de la pensée...

Que l'on devait prier avec ferveur dans ce monastère, que le *quotidie morior* de saint Paul devait s'exhaler des âmes de ces vierges pénitentes. Comme elles étaient calmes, combien elles semblaient heureuses! Que leur manquait-il? Elles possédaient le Maitre même de cet univers dans lequel il se montre comme à travers un voile, pour ne pas nous terrasser par la splendeur de sa beauté.

Le monde, qui ne comprend pas la loi du rachat, s'étonne de voir d'innocentes créatures macérer leur chair, épuiser leur corps par le jeûne, quand l'ombre d'une faute grave ne ternit jamais la fleur virginale de leur âme. Il oublie qu'un juste aurait suffi pour sauver Sodome!

Les couvents renferment ces justes, et suspendent la chute de la foudre du ciel.

Un artiste d'un immense génie semble avoir voulu rendre cette pensée dans une de ses plus magnifiques toiles :

Le Christ, irrité, debout sur les nuées, va lancer ces foudres sur le monde coupable...

Deux intercesseurs sont à ses pieds : Marie, lui montrant, avec une chaste autorité, le sein qui le nourrit enfant, François d'Assise, enlaçant le Globe de ses bras amaigris : Marie et les ordres religieux protégent la terre envahie par la marée croissante de l'iniquité.

Le jour où il conçut l'idée de cette toile, Rubens se montra plus qu'un artiste de génie; il croyait, il fit œuvre de chrétien.

Mais soit que l'on se promène dans des jardins semblables à la vallée des roses, soit que l'on erre dans les steppes sablonneuses d'un couvent bâti comme un lit d'alcyon ou de mouette, proche des vagues mugissantes, soit que l'on gravisse l'escarpement d'une montagne pour se reposer dans de fertiles vergers, dès qu'une cloche tinte dans la chapelle, que la croix surmonte le portail, que le cloître élève ses colonnes sacrées, que des formes indécises passent le soir sous les arceaux et le jour au milieu des ombrages, si vous êtes admis dans une de ces enceintes sur laquelle plane la paix de Dieu, vous êtes heureux, vous êtes béni, vous sortez purifié.

XXVII

Ne semblons-nous point oublier Stylite?

Toutes les pages qui précèdent se rattachent à elle, cependant, car ce que nous avons dit des couvents, de leur destination au moyen âge, des services qu'ils rendirent, de la poésie de leurs cloîtres, du langage de leurs cloches, de l'impression produite par leurs jardins, des citations que les religieuses trouvent, dans leur ferveur, le moyen d'appliquer aux choses les plus simples, tout cela se trouvait subitement révélé à Stylite. Il n'y eut point de gradations dans la vie de son âme. Tout empruntait chez elle une forme inspirée, tout était spontané, ardent; une fois une idée incrustée dans son âme, cette idée ne pouvait jamais s'effacer.

Les *Lettres de saint Jérôme* achevèrent de lui révéler ce qu'elle voulait être, et dès-lors elle tendit vers un but unique. Elle eut, à partir de ce moment la joie de sentir sa destinée fixée d'une façon irrévocable; si elle l'avait pu, elle aurait tout de suite prononcé des vœux pour engager son avenir.

On ne le lui permit pas, mais elle obtint de prononcer un vœu annuel qui la liait plus intimement à cette vie de recueillement, de silence et de piété intime.

Elle n'éprouvait qu'un seul chagrin au sein de cette vie heureuse, la pensée d'abandonner prochainement la maison où elle avait goûté des joies si pures ; son éducation s'achevait ; ses succès concouraient à hâter son départ.

Parfois, prétextant une souffrance, elle quittait la classe et étudiait ses leçons dans le jardin.

A droite de la grande salle se trouvait une large allée tracée entre le cimetière et un jardin potager.

Le cimetière ne contenait que quinze tombes ; une grande croix de granit indiquait celle de la dernière supérieure ; les autres, humbles tertres couverts d'une herbe haute et touffue, n'avaient que des croix de bois sur lesquelles se détachaient en blanc les noms de saintes des religieuses, car celui de leur famille s'était perdu sous l'appellation céleste. Elle entrait dans le cimetière, s'asseyait sur les marches de la grande croix, fermait son livre, et restait là, perdue dans ses pensées, sans songer qu'elle avait une leçon à apprendre. Elle était du reste, toujours sûre de la savoir le lendemain.

Souvent, le bruit d'un pas léger la faisait tressaillir.

Elle levait les yeux : c'était mère Sainte-Madeleine qui passait...

Stylite se levait, la saluait en silence, attendant un mot, un geste.

Si la religieuse l'appelait d'un signe, elle courait à elle, et toutes deux continuaient leur promenade en s'entretenant de Dieu, de la perfection de la vie chrétienne et des destinées futures de l'âme.

Stylite, surtout depuis la grave maladie qu'elle avait subie, osait parler de ses projets. Mère Sainte-Madeleine secouait la tête lorsque la jeune fille lui peignait le bonheur qu'elle éprouverait à se trouver placée sous sa direction.

— Jamais, mon enfant, lui dit-elle un jour ; cela n'arrivera jamais...

— Pourquoi ? demanda Stylite désolée.

— D'abord, parce que vous pouvez changer d'avis...

— C'est à mon tour de vous répondre : jamais !

— Ensuite...

— Eh bien ?

— Parce que je ne resterai pas toujours dans cet ordre.

— Vous, ma mère !

— Quand expireront mes vœux de cinq ans, je quitterai cette communauté.

— Et vous irez ?

— A la Trappe !

Mère Sainte-Madeleine était une de ces natures qui épousent la croix dans ce qu'elle a de plus douloureux et de plus sublime ; la quiétude paisible de la vie qu'elle menait dans sa communauté, qui suivait la règle de saint Augustin, ne lui suffisait pas. Sans qu'elle osât soumettre une prière à la supérieure, témoigner même un désir, elle souffrait de l'obligation de l'enseignement. Son cœur l'entraînait vers la vie contemplative; elle avait besoin de silence, et son âme, en dépit d'elle-même, alourdissait ses ailes du tapage des enfants, à l'accomplissement d'une tâche régulière et pénible. Personne ne soigna plus qu'elle l'instruction des enfants qu'on l'avait appelée à diriger, nulle n'en dût souffrir davantage. Elle ne s'en était encore ouverte à personne; Stylite reçut cette première confidence avec reconnaissance et respect, ce qu'elle apprenait de la vocation de plus en plus haute de cette grande âme la transportait d'admiration et de joie.

Il lui semblait d'ailleurs qu'une fois mère Sainte-Madeleine sortie de ce couvent, l'âme vivante en serait envolée.

Comme elles s'entendaient, la maîtresse élevée déjà dans les voies du Seigneur, l'élève aspirant à la suivre, évoquant l'esprit de flamme, avide de monter, que ce fut au Calvaire ou au Thabor, pourvu qu'elle fut sûre d'y trouver Jésus-Christ.

Elle goûta pendant les derniers mois de ses études un bonheur relativement complet. Elle savait que dure devait être son épreuve, mais elle en attendait la fin avec la sérénité confiante de la foi.

Mère Sainte-Madeleine ne la quittait presque plus.

Elle avait à achever de former l'âme de cette enfant qui allait, en raison même de sa valeur, se trouver exposée à des dangers plus grands, sans connaître le monde par expérience, elle l'effrayait en lui parlant de ces dangers.

Il y eut un testament de tendresse fait par mère Sainte-Madeleine pour la triste et chère Stylite, et la jeune fille dût partir... elle partit...

XXVIII

Toutes les douleurs n'ont point été racontées.

Celle de Stylite tenait à un ordre de choses tellement intime, qu'il faudrait prendre son cœur fibre à fibre pour l'analyser. Quand elle ôta de son front la dernière couronne de roses que mère Sainte-Madeleine y avait posée, quand l'élève de la veille fut devenue une jeune fille, qu'elle se dit, en ne pouvant y croire encore, qu'elle n'entendrait plus le son de la cloche, qu'elle ne sommeillerait plus dans le grand dortoir, qu'elle ne se promènerait plus dans le bois touffu protégé par une statue de Marie, elle fut prise d'une immense douleur. Ses adieux à mère Sainte-Madeleine avaient été déchirants, Stylite répétait :

— Au revoir !

Mère Sainte-Madeleine montrait le ciel en répétant :

— Adieu !

Stylite multipliait alors les souvenirs à emporter, les noms à faire écrire sur des petites images, autographes naïfs auxquels alors on attaché tant de prix ;

elle arracha quelques fils au voile d'étamine de mère Sainte-Madeleine, quelques fils de laine à son grand cordon noir qui lui ceignait la taille; elle voulut avoir quelques herbes du cimetière, une pervenche prise à la grande tonnelle où les fleurs bleues faisaient en rampant un tapis de feuillage sombre et de calices d'azur sous les pieds d'une vierge immaculée.

Ces chères reliques, elle les avait baisées en pleurant, elle les emporta chez elle, comme les anciens faisaient des cendres de leurs morts, elle s'entoura de tout ce qui lui rappelait le couvent, la vraie patrie de son âme, elle vécut moitié d'une façon rétrospective, moitié soutenue par les espérances de l'avenir.

Et comme si Dieu voulait lui faire boire la lie de toutes les épreuves, elle dut quitter brusquement la ville où, du moins, par hasard, il lui était possible d'apercevoir les murs du monastère.

Nous disons par hasard, car toutes les souffrances l'étreignaient. Stylite était tenue dans une prison morale. Elle ne sortait jamais seule, et la femme de chambre avait reçu les ordres les plus sévères; jamais elle ne devait laisser Stylite approcher du couvent; la mère, mue par ce sentiment étrange d'égoïsme, qui fait que quelques-unes déclarent mieux aimer voir leur fille morte que religieuse, s'attacha non pas seulement à effacer le souvenir dans l'âme de Stylite, mais encore à le défleurir.

Elle savait combien la pauvre créature aspirait à la retraite, elle la conduisit dans le monde; elle lui tendit ces piéges que la plupart des femmes trouveraient légitimes, et qui sont peut-être aux yeux de Dieu la plus irrémissible des fautes.

Elle tenta de substituer les plaisirs à la piété, elle souffla sur les fleurs pures de cette âme épanouie au pied de l'autel; elle sevra cette enfant du pain des forts, elle la laissa crier de soif après la fontaine d'eau vive et feignit de ne point voir, de ne point comprendre qu'elle en faisait une martyre!

De quoi se rendait-elle coupable, aux yeux du monde, cependant? Elle conduisait sa fille à l'église le dimanche, elle lui permettait tout ce que les commandements exigent; elle pouvait se dire, devant le texte de la loi, qu'elle remplissait son devoir à l'égard de sa fille... Son devoir! mais la *lettre tue!* dans les questions religieuses1, telle nature froide, sérieuse, calme, se contente de ce qui ne saurait suffire à une âme appelée, entraînée vers une autre vie, et accoutumée à toutes les joies de ces piétés ferventes qui la baignent comme une céleste rosée.

Les prières de Stylite étaient furtives; on épiait jusqu'à son recueillement; son silence était accusé de devenir une prière! Pauvre Stylite! que ses chagrins lui durent être comptés! et que malheureusement il est de jeunes filles soumises aux mêmes épreuves.

Plus que tout autre peut-être, nous avons le droit d'écrire ces pages : quelques gouttes du sang de notre cœur y tombent!

Et si nous élevons la voix contre ces persécutions

de la famille, nous qui ne sommes engagé dans aucun lien religieux, nous qui vivons de la vie du monde, laborieuse, batailleuse et rude, si nous combattons hardiment les volontés despotiques qui risquent de briser de jeunes âmes et de fausser de jeunes et délicates consciences, c'est qu'il nous a été donné de lire dans quelques-unes, d'aller au fond de ces douleurs, de pleurer à ces confidences, et de sonder la profondeur des abîmes que peuvent creuser sous des pas mal affermis une autorité qui vient orgueilleusement se mettre à la place de celle de Dieu.

XXIX.

Et de quel droit la mère dispute-t-elle sa fille au cloître. Quand une vocation lui est révélée, qu'a-t-elle à dire après l'avoir sagement étudiée, sinon de s'écrier, en serrant pour la dernière fois sa fille sur son cœur :
— *Dieu me l'avait donnée, Dieu me l'a ôtée, que son saint nom soit béni !*

Constatons-le avec un regret sincère, que des statistiques expliqueraient victorieusement, les mariages à notre époque ne sont point généralement heureux : le chiffre des séparations est là pour le prouver.

D'où cela provient-il ?

D'abord, du manque d'éducation solidement chrétienne que reçoivent les jeunes filles, ensuite, du grand nombre d'unions, non pas forcées, dans le cas absolu de ce mal, mais consenties par fatigue, par obéissance, par faiblesse.

Une vocation manquée fait souvent une âme perdue.

Ce sont des infanticides moraux que les mères commettent.

Et il n'y a point de loi pour les punir.

Dieu, plus tard!

Que répondra la mère quand elle se trouvera en présence d'une fille qui s'est égarée dans une route épineuse qu'elle n'eut point choisie, lorsque Dieu lui dira :

— Je t'avais prêté l'âme de cette enfant, que je caressais de mon souffle de prédilection, voilà ce que tu en as fait!

— J'aimais ma fille! répondra la mère.

— Tu l'aimais pour toi, non pour elle!

— Je n'ai pu consentir à m'en séparer.

— Elle t'échappe pour l'éternité, et la plus grande de tes tortures sera de te dire, en la voyant éprouvée par des tourments que nul ne définit :

« — Sans moi elle siégerait, rayonnante, au milieu du chœur des vierges où elle voulait prendre place; elle jouirait de la présence de la Beauté infinie, elle possèderait l'incommensurable amour; j'ai tout mis en œuvre pour l'attirer dans une autre voie, et cette voie lui a été funeste.

«De quel droit prétendais-je user en décrétant qu'elle n'appartiendrait pas à Dieu? Le quatrième commandement, qui lui prescrivait ses devoirs envers moi, ne me dictait-il pas les miens envers elle? Les mauvaises mères sont-elles seulement celles qui se montrent barbares et brutales avec les enfants de leurs entrailles? De quelles verges morales ne me suis-je point servie pour assouplir cette volonté différente de la mienne, non rebelle, mais opposée.

« ... Je l'ai vue pleurer, et j'ai été insensible! je l'ai entendue jurer qu'elle appartenait au Christ, et j'ai voulu qu'elle signât un contrat avec un homme! Si elle est tombée, n'ai-je pas préparé sa chute? La première faute ne fut-elle pas commise par moi? La justice humaine ne m'a point frappée, celle de Dieu doit m'atteindre... »

Que de remords inutiles, de larmes sans résultat, de désespoirs amers, de tortures inouïes, quand la mère se placera ainsi devant le Juge souverain, et qu'elle sera obligée de confesser, en se frappant la poitrine :

— Vous me la demandiez, et je n'ai point voulu la donner... Elle voulait vous appartenir, et je n'y ai pas consenti...

Celui qui appelait la vierge timide et chaste ne sera plus qu'un vengeur de ses bienfaits méconnus!

XXX

Plus on avance dans la vie, plus on juge la société ; plus on étudie le monde, plus on demeure convaincu de la justesse de ce que nous avançons. Nous croyons les ordres religieux, non-seulement utiles, mais indispensables dans le sens le plus absolu de ce mot ; nous croyons que leur suppression serait un immense malheur.

Quand le vent terrible de la Révolution souffla sur la France, le peuple, accoutumé à entendre parler des *victimes* enfermées dans les cloîtres, ouvrit, de ses mains brutales, les asiles où étaient allées s'enfermer aussi bien les jeunes filles innocentes que les femmes célèbres par leur nom, leur situation et leur beauté !

Dans les siècles qui passèrent pour dépravés, à ces époques où la religion était prêchée du haut de la chaire par Bossuet, Massillon, de Bourdaloue, les grands extrêmes se touchaient.

La cour était souvent témoin de grands scandales ;

on la conviait parfois à de solennelles et touchantes expiations.

Si nous avions à choisir, nous préférerions ces temps d'élans, de mouvement, d'entraînement, à des périodes que ronge lentement l'indifférence et que le matérialisme étouffe.

On voyait alors : Madame Victoire s'exiler dans un cloître ; la reine de la Fronde, la duchesse de Longueville, cacher sa beauté sous une robe de pénitente ; Madame de Lavallière abandonner sa blonde chevelure aux ciseaux et devenir mille fois plus touchante sous son habit de Carmélite; M. de Rancé cachait sa douleur, devenue chrétienne, dans la solitude de la Trappe.

A ces riches, exubérantes natures, ni le monde, ni les hommes, n'avaient suffi, il leur fallait Dieu ?

Heureux ceux qui, instruit par une douloureuse espérience, ne courent pas sans fin après de nouvelles désillusions.

L'existence claustrale est dans la nature, quoi qu'on en dise; elle est nécessaire à l'équilibre de certaines natures. Celles qui tendent toujours en haut ne peuvent être satisfaites par rien d'humain.

Leur âme a des ailes, coupez-les, elle redescendra sur la terre plus inhabile que ceux qui ont l'habitude de marcher avec leurs pieds, car elle n'en a point, elle. Voler! telle était sa vie, sa destinée, privez-la de ses ailes, elle rampera.

Et vous ne pouvez dire : comment font les autres ?

Les autres font ce qu'ils veulent ; elle, ce qu'elle peut.

Vous tondez la brebis et vous ne voulez pas qu'elle tremble de froid ; vous enfermez l'oiseau accoutumé à regarder le soleil en face dans un endroit plein de ténèbres, et vous demandez qu'il se plaise dans cette nuit noire, comme les hiboux et les orfraies.

Que n'obligez-vous le chêne à produire du blé, et le pommier à plier sous les grappes de la vigne ?

Mais est-ce que le monde pense ?

Est-ce que les mères raisonnent ?

Elles ont des yeux et ne voient point ; elles ont des oreilles et n'entendent point ; *jamais leur cœur n'a compris ce que Dieu réserve à ceux qui l'aiment.*

Ces mères ont-elles donc été si parfaitement heureuses dans leur union, qu'elles ne connaissent aucun état qui soit comparable au leur.

Saint Jérome ne *loue le mariage que parce qu'il enfante des vierges... C'est une épine qui porte des roses, une terre qui fournit de l'or, une nacre qui donne des perles.*

XXXI

Les divisions intimes ne furent point les seules dont Stylite eut à souffrir. Toutes les épreuves lui devaient être ménagées, pas une épine ne devait manquer à sa couronne aigue.

Elle accepta avec son habituelle sérénité les journalières souffrances auxquelles on la condamnait; son silence était plus éloquent que ses paroles, privée en apparence de toute consolation, elle s'adressait en réalité au Consolateur suprême et rien ne lui manquait plus. Si elle avait pu se trouver heureuse ailleurs que dans le cloître, cela eut été facile, aucune des satisfactions de l'orgueil ne lui manquait.

Elle était plus recherchée peut-être qu'elle ne l'eut souhaité.

Un seul être avait avec elle d'intimes rapports d'âme, c'était son père. Si ses sentiments de foi paraissaient languissants, il possédait du moins un cœur ouvert à toutes les générosités, une âme chevaleresque, une bonté sans égale; il était de ceux qui voient toujours l'intérêt des autres avant le leur, qui savent se priver et souffrir pour rendre un service ou consoler une douleur..

Stylite ne pouvait l'entretenir de ces projets de retraite, il les eut sans doute, temporairement, blâmés, mais enfin elle se fut trouvée sûre de la victoire si elle n'avait eu que sa volonté à combattre.

Un grand malheur menaçait la famille, malheur devant lequel s'effaça la souffrance de Stylite.

Nous avons dit que son père occupait dans les finances un emploi important.

Parmi les employés chargés des différentes parties du travail de bureau, se trouvait un jeune homme de vingt ans, léger, dissipé, d'assez jolie figure, complaisant, bon travailleur, rachetant ses vices par quelques qualités, et possédant le talent de se rendre indispensable.

Sa mère était une pauvre honnête femme; son père, vieux vétéran décoré à Austerlitz, possédait une probité à toute épreuve.

Un des grands défauts de Léon Golait était de se plaire dans la société de gens beaucoup plus riches que lui. Orgueilleux et léger, il souffrit bientôt de la modicité de ses appointements, et se vit dans l'impossibilité de rendre à ses amis titrés les dîners qu'il en reçut.

La tentation se glissa dans son cœur.

Il résista un mois, deux mois...

Le père de Stylite avait en lui une entière confiance; il lui remettait sans crainte la clef de la caisse.

Léon en abusa.

Si M. de Lendeven n'avait eu dans son bureau que les fonds du gouvernement, il lui eut été facile, à de courtes dates de distance, de voir ce qu'il possédait encore ou ce qui pouvait lui manquer. Mais, indépendamment des sommes provenant de recettes, il avait toujours à lui appartenant quelques liasses de billets de banque et quelques rouleaux d'or dans le fond de son tiroir.

L'extrême confiance qu'il avait en ceux qui le servaient l'empêchait de prendre des précautions qui, peut-être, eussent été sages, mais qui, sûrement, se trouvaient fort opposées à son caractère.

Il en résulta un malheur.

Léon Golait puisa dans la caisse de son maître, afin de subvenir à des dépenses fort au-dessus de ses moyens; d'abord, il ne prit que des sommes insignifiantes, puis il vola davantage, et un jour M. de Lendeven, en descendant à son bureau, s'aperçut que sa caisse avait été forcée.

Léon Golait s'embarqua pour Madagascar, après avoir laissé deux mots pour sa mère.

Toute la famille de Stylite se trouva plongée dans une stupeur effroyable.

La somme enlevée constituait toute la modeste fortune de la maison; quand le déficit causé par le misérable serait comblé, il ne resterait plus que le cautionnement. Triste et faible épave! Madame de Lendeven éprouva une âpre douleur; elle s'était bercée de l'idée.

qu'elle pourrait constituer à sa fille une dot suffisante, et toutes ses espérances croulaient de ce côté. Une morne tristesse planait sur cet intérieur. Il s'agissait, d'ailleurs, de faire un emprunt élevé et rapide pour achever de rembourser le vol de Léon, et madame de Lendeven partit pour Paris. L'un de ses cousins, chef de bureau au ministère des finances, était riche, et il ne pouvait manquer de prêter quelque appui à des parents si cruellement éprouvés.

Stylite avait alors quatorze ans.

Elle supporta ce coup avec une fermeté stoïque.

Peut-être n'avait-elle point un grand mérite à cela, les intérêts du monde ne la touchaient guère ; elle se disait qu'on la recevrait bien sans dot dans un couvent, et trouvait que son jeune frère serait encore assez riche. Cette catastrophe arriva ou mois de janvier.

Les chemins de fer ne fonctionnaient point encore.

Madame de Lendeven devait faire deux cents lieues en diligence ; c'était une femme d'un caractère net et précis, qui, une fois après avoir pris une détermination qui lui coûtait, car elle avait une sorte de paresse, marchait à son but sans regarder ni de côté ni en arrière.

La séparation fut douloureuse.

Madame de Lendeven se montrait courageuse, elle eut des élans de tendresse en quittant son mari et sa fille ; elle promit de revenir bientôt, et partit...

Pour la première fois, Stylite se trouvait chargée d'une tâche importante.

Sa mère, qui l'accusait d'être d'une nullité absolue, ne se doutait guère de ce qu'elle pouvait faire, livrée à elle-même.

Comme M. de Lendeven était doux, conciliant, il remit à Stylite les rênes de la maison.

Ce n'était point une charge peu lourde.

Les domestiques étaient de braves gens, naïvement dévoués, trop simples pour garder l'intelligence de ce qu'on ne leur commandait pas. Obéir leur semblait facile; ils ne comprenaient point l'initiative.

Stylite, avons-nous dit, avait un frère plus jeune qu'elle de quatre années. Il étudiait le latin et le grec assez nonchalamment, faisait le moins de *devoirs* possible, et gardait la conviction que son père possédait assez de fortune pour qu'il ne fut point obligé de travailler.

A tous les chagrins qui fondaient sur elle, Stylite eut une compensation immense.

On était en hiver, elle se levait avant le jour, assistait à la première messe qui se célébrait au collége des Jésuites, et, rentrée chez elle à sept heures, elle s'occupait de la surveillance du ménage.

Ce frère qu'on lui préférait, cet enfant blond comme Phœbus et beau comme un ange, qui avait été cause de tant de larmes versées, il fallait, dès le matin, l'envoyer au collége, le faire déjeuner, veiller à ce qu'il fut vêtu soigneusement, remplacer la mère, enfin !

Quand il était parti, sous la garde de la vieille bonne, elle songeait à elle et faisait une toilette simple, modeste, mais charmante, afin que tout reposât l'œil de son père.

La salle à manger prit un autre aspect, la table avait des coquetteries inconnues et inhabituelles de linge et de cristaux. Stylite croyait que les petits moyens produisent de grands effets. Elle savait que son père aimait le comfort, elle l'en entoura. Il se demanda, pendant les premiers jours, ce qu'il y avait de changé autour de lui, et sans se rendre compte du progrès qui s'accomplissait, il en jouit.

L'heure de se rendre à ses bureaux étant venue, il quittait Stylite, avec qui il avait eu ces entretiens intimes qui distendent le cœur; il se demandait comment il avait pu croire jusque-là que Stylite était indifférente et froide quand il la voyait multiplier les attentions pour lui plaire.

A quatre heures, son labeur fini, il remontait au salon.

Il trouvait Stylite le plus souvent assise dans l'embrasure d'une fenêtre, lisant ou brodant; quand il entrait, elle lui approchait un fauteuil, s'il la priait de se mettre au piano, elle lui faisait un peu de musique; l'heure du dîner arrivait; Stylite s'était essayée à composer des menus friands; pendant le repas, toute la gaîté de son esprit, toute la grâce de son cœur enlevaient son père à des préoccupations pénibles. Elle lui offrait ensuite de sortir, car elle savait à quel point il aimait la promenade. Littérature et beaux-arts, ils parlaient de tout, lui en savant, elle en élève intelligente.

Elle le priait de lui raconter ses voyages; elle les aimait à travers ses récits. Il avait beaucoup vu et bien vu, sa parole était vivante, imagée; il avait une imagination vive, un cœur d'or et un rare esprit.

Jamais le temps ne leur paraissait long; ils rentraient parce que c'était l'heure de la sortie du collége, et que le Benjamin eût été triste s'il ne les avait pas trouvés.

Le feu flambait, M. de Lendeven se plaçait dans un grand fauteuil, attirait son fils sur ses genoux, le comblait de caresses, s'informait de l'emploi de sa journée, et se dédommageait de toutes ses fatigues en caressant ses cheveux blonds.

Stylite souffrait un peu : si l'on causait avec elle, on ne l'embrassait guère.

Un soir, le petit Roland quitta assez brusquement les genoux de son père.

— Où vas-tu? demanda celui-ci.

— Il faut que je travaille.

— A quoi?

— J'ai un *pensum* à faire.

— Il est long?

— Bien long.

— A quelle heure te coucheras-tu donc?

— A dix heures! répondit Roland, en tirant ses cahiers et ses livres de sa gibecière d'écolier.

Le père jeta un regard triste sur Roland.

— Méchant! dit-il, je n'ai qu'une heure pour t'embrasser et tu me la prends.

Alors Stylite demanda doucement à son frère?

— De quelle nature est ton pensum?

— Cinq cents vers de Virgile à copier.

— Et puis?

— Dix pages de grammaire grecque.

Stylite savait peu de latin et pas du tout de grec, mais elle dessinait passablement, et se sentait en force de copier merveilleusement les caractères.

— Allons, dit-elle, notre père a raison, tu n'as pas le droit de le priver de tes caresses, Roland; je ferai le pensum.

Hélas! le premier regard vraiment affectueux et reconnaissant que reçut jamais Stylite de son père, fut celui qu'il lui adressa en entendant ces paroles.

Elle prit place à la table.

Roland sauta sur les genoux de son père.

Stylite copia du Virgile, copia du grec, et de temps en temps, quand elle levait la tête, elle voyait son père sourire.

Et ce fut pour faire plus aisément les pensums de Roland que Stylite apprit la langue de Cicéron et celle de Démosthènes.

Il était dit que pas une épreuve ne lui serait épargnée.

Après l'indigne abus de confiance dont il avait été victime, M. de Lendeven n'avait plus confiance en aucun des commis employés dans ses bureaux.

La fin de décembre nécessitait, à Paris, l'envoi de ce que dans les bureaux on appelle les *états*, ce sont des comptes généraux fort compliqués. M. de Lendeven, souffrant, tenu dans l'inquiétude par les lettres de sa femme, découragé et n'ayant d'autre consolation que Stylite, lui dit un soir avec un découragement profond :

— Je me sens incapable de faire les comptes, et d'envoyer les *états*.

— Mais quelqu'un peut te remplacer?

— Personne! j'aurais peur d'une falsification, d'un vol, d'une tromperie quelconque, le misérable qui nous a volés m'a enlevé la foi dans les hommes.

— Si je pouvais... hasarda Stylite.

— Toi! dit le père, pauvre petite, tu aimes les beaux vers et les bons livres, la musique et la peinture, mais les chiffres...

— J'ai lu, répondit Stylite, que le génie était une aptitude universelle, pourquoi le cœur qui inspire toutes les grandes choses ne me tiendrait-il pas lieu de génie.

— Cela ne se peut pas!

— Essaye! dit Stylite.

— Mais, ma chère ange, les registres sont immenses et nombreux, les feuilles de papier nécessaires à la copie des comptes sont énormes, tu ne pourrais travailler que debout; et puis, le découragement m'ayant envahi comme une mer qui monte, il ne me reste que trois jours pour ce labeur immense, il en faudrait le double!

— Tu oublies les nuits, père!

Stylite fit apporter les registres, les feuilleta, et son père lui ayant expliqué comment il fallait faire le dépouillement des folios, elle entreprit une tâche qui aurait épouvanté l'homme le plus courageux, le plus rompu à la vie de bureau.

Elle n'avait ni le temps de songer aux repas ni celui de s'occuper d'elle. Face à face avec des colonnes de six ou sept chiffres, la tête en feu, des étincelles plein les yeux, le cerveau bourdonnant, entrant corps et âme dans ce travail gigantesque, se contentant de prendre de temps à autre quelques miettes de pain sec, qui ne la forçaient pas à quitter la table devant laquelle elle travaillait debout et penchée, sans sommeil, sans trêve, elle compensa, aligna, additionna des comptes énormes. Une seule faute ! et le labeur était à recommencer. Le ministère des finances exige des *tableaux* et des *états* d'une grande perfection. Stylite le savait; l'application même et l'exagération de sa tention d'esprit pouvaient provoquer une erreur !

M. de Lendeven se montrait à peine dans l'encadrement de la porte. Il n'osait lui parler dans la crainte de la troubler.

En la voyant ainsi, ferme, généreuse, tendre, il se demandait comment il avait pu la méconnaître, il se reprochait de n'avoir pas compris la grandeur native de cette nature ; il se promettait de la dédommager amplement de ce qu'elle avait souffert.

Trois jours et trois nuits se passèrent.

Il était minuit...

M. de Lendeven entra dans la salle où se trouvait Stylite.

Elle écrivait la dernière date.

— Signe, dit-elle triomphante, j'ai fini !

M. de Lendeven allait signer, il s'arrêta.

— Collationnons les totaux, dit-il.

Stylite lisait les nombres, il suivait.

Il s'arrêta au bout d'un moment.

— Stylite, dit-il d'une voix faible, tu t'es trompée.

Elle reçut au cœur comme un coup de massue.

— Trompée *d'un centime !* dit le père.

Hélas ! en fait de finances, le plus élastique des ministères, le plus riche en fonds secrets, le plus large pour les distributions discrètes, il n'est pas permis à un receveur particulier, à un receveur principal, à un receveur général, de se tromper *d'un centime !* C'est à recommencer, et l'on a vu des erreurs de ce genre, retenir quinze jours entiers un comptable qui doit, non pas *payer* ce centime, mais le *retrouver,* dans des sommes de plusieurs millions quelquefois !

Stylite le savait.

— Père, dit-elle anéantie, oh ! père, ce n'est pas possible.

M. de Lendeven lut, relut, chercha, épuisa les moyens de contrôle, le centime manquait toujours.

Mais enfin Stylite poussa un cri de joie.

Elle ne s'était pas trompée, elle ! ses chiffres demeuraient justes, les comptes étaient réguliers !

Le père et la fille s'embrassèrent comme s'ils venaient d'échapper à la mort.

Par le fait, la négligence dans l'envoi des *états de fin d'année* serait un fait grave, en administration financière, et M. de Lendeven était un de ces comptables dont la réputation de zèle et d'exactitude était faite depuis longtemps.

Les comptes, placés dans une immense enveloppe, scellés et adressés au ministre, furent la nuit même expédiés à Paris.

Quelques jours après une lettre vint rassurer M. de Lendeven, les fonds étaient trouvés; seulement le cousin qui les avançait ne les prêtait qu'à une courte échéance.

Stylite continuait sa vie ordinaire entre son père, dont elle se constituait l'ange gardien, son frère, dont elle faisait régulièrement les pensums, et une jeune fille, bonne, simple, naïve, excellente nature un peu lourde, mais sympathique, néanmoins; toujours prête à se dévouer, à se sacrifier.

Victorine était complètement laide, d'une laideur privée de l'excuse de l'esprit, et de l'atténuation de la grâce.

Elle avait le front bas, les yeux petits, la bouche grande, la taille épaisse, le maintien gauche. Une provinciale de province, car il existe des provinciales de Paris.

Elle avait dix-neuf ans.

Le seul lien absolu qui existât entre elle et Stylite

était une piété vive, sincère, très-enthousiaste et très-élevée de la part de Stylite; cette piété, chez Victorine, devenait calme, régulière comme le devoir, grave comme la vie. Elle suivait son chemin et sa voie sans regarder en arrière, se reposant sur la Providence pour tout régler.

De même que Stylite, elle avait le désir de se retirer dans un cloître, mais sa mère, elle le savait, n'y mettrait pas d'obstacle. Elle souhaitait seulement, par mesure de prudence maternelle qu'elle atteignît sa majorité.

Stylite aimait Victorine à cause de ce lien.

Rarement une journée se passait sans qu'elles se trouvassent ensemble, travaillant à quelque petit ouvrage d'aiguille, se parlant à de rares intervalles. Quand elles levaient les yeux, et que leurs regards se rencontraient, elles souriaient doucement et reprenaient une tâche qu'elles s'étaient obligées à finir.

C'était une amitié douce, conforme à celles que l'on devrait non-seulement désirer, mais s'efforcer de grouper autour des jeunes filles.

XXXII

Victorine réalisait complètement le portrait que saint Jérôme trace d'une vierge chrétienne.

Elle travaillait de ses mains, sachant qu'il est écrit que : « *Celui qui ne travaille point ne doit point manger...* » Il n'y avait rien de plus agréable que sa sévérité, de plus sévère que sa douceur, et rien de plus doux que sa tristesse... ses paroles tenaient du silence, et son silence parlait...

« Elle ne marche ni trop vite ni trop lentement... » ajoute saint Jérôme ; — elle est toujours vêtue d'une même sorte...

Et comme lui, l'on pouvait ajouter :

« Je souhaite que les veuves et les vierges l'imitent, que les femmes mariées la révèrent, que celles qui se sentent coupables la craignent et que les évêques l'honorent. »

Victorine était illettrée.

Sa mère l'avait gardée près d'elle, la couvant avec tendresse et trouvant la science inutile pour en faire une honnête femme et une femme heureuse. Elle ne connaissait guère que l'Écriture-Sainte, et croyait en savoir assez.

En songeant au couvent, elle ne voyait qu'un seul ordre capable de l'attirer.

Sa nature bonne, courageuse et placide, la portait vers la ruche active peuplée par Vincent de Paul.

Elle se sentait la force de panser les plaies, de montrer le ciel aux agonisants, d'enseigner à lire aux enfants pauvres ou de suivre les soldats sur le champ de bataille; aucune des tâches multiples de la sœur de charité ne paraissait trop dure à cette vaillante fille. Elle priait en actions. Debout avant le jour, rendue à l'église aux premières lueurs de l'aube, elle ne sortait que pour monter dans les mansardes de pauvres gens qui la regardaient comme une Providence.

Elle refaisait de ses bras robustes, sentant un peu la paysanne, le lit des malades et des infirmes, elle peignait les petits enfants, allumait le feu, faisait tiédir une tisane, s'essayait à tous ces héroïsmes, rentrait chez sa mère souriante et joyeuse, et ne manquait jamais de faire une visite à Stylite.

Quand elles parlaient, leur entretien roulait le plus souvent sur les différents caractères des ordres religieux.

L'Église est une mère sage et prévoyante.

Elle a compris que, pour des natures dissemblables, il devait exister différentes voies conduisant toutes à l'éternel salut.

Toutes ces voies sont bonnes parce qu'elles sont saintes.

Que l'on s'occupe d'instruire de pauvres enfants destinés à porter le poids du jour et de la chaleur; que l'on prenne soin des malades d'un hospice; que l'on ramène à Dieu des pécheresses qu'il regrettait comme le pasteur redemande et cherche sa brebis perdue; que l'on se voue à l'éducation des jeunes filles qui forment la société riche et intelligente, ou que l'on s'enferme dans les murs élevés d'un monastère pour y trouver la solitude d'Élie et le désert de Jean, toutes ces voies sont également belles et pures !

S'il y a plusieurs demeures dans la maison du Père céleste, il a multiplié aussi les moyens pour y parvenir; l'*Esprit qui souffle où il veut* n'inspire pas à toutes les femmes les mêmes pensées. Les besoins de l'homme sont si grands, les maux de l'humanité si divers qu'une des grandes marques de la Providence de Dieu, de sa condescendance, de sa bonté, est d'avoir varié d'une façon presque indéfinie les sentiers qui conduisent à son royaume.

Et non-seulement les ordres sont variés, mais encore on demeure surpris, puis frappé de joie et de reconnaissance, quand on considère combien chaque saint, dans un même ordre religieux, a imprimé à sa sainteté un cachet spécial. L'Église a compris le génie particulier à chacun; à chacun elle a donné place sur ses autels, afin d'encourager les fidèles à choisir parmi des modèles si divers dans les nuances de leur perfection, celui qu'elles prennent pour type, et qu'elles doivent s'efforcer de copier.

Les uns montreront le zèle de saint Paul, les autres la bénignité de François de Sales, ceux-ci l'austérité de Bruno, ceux-là l'expansive dévotion de Bernard; on en verra favorisés de visions comme le séraphin d'Assise, la vierge d'Avila, Louis de Gonzague; les autres luttant comme Antoine dans les solitudes, poursuivis par ce *démon de midi* dont parle le Roi-prophète.

L'Église présente également à notre admiration : Françoise de Chantal se séparant de sa famille, et des couples d'amis, comme Augustin et Alypius, Grégoire de Nazianze et Basile. Toutes les affections sont comprises par elle, parce qu'elle se souvient du *disciple que Jésus aimait;* toutes les sympathies, parce qu'elle songe à ce jeune homme dont l'Évangile cite le nom par un sentiment exquis de charité, et dont il est dit : *Le Seigneur le vit et l'aima.* Tous les dévouements pour l'ami adopté, toutes les larmes pour l'ami perdu... car il pleura sur Lazare, et, trahi par Judas, semblait encore ne pouvoir s'empêcher de le plaindre... L'Église explique, comprend, bénit tout!

Que la main de Dieu soit sur un homme, cela lui suffit. Il peut ensuite mendier comme le sublime Joseph Labre.

Les gens du monde, ces prétendus savants qui ignorent tout, se récrient, accusant les uns d'exagération, les autres de folie!

Sont-ils les premiers?

François lui-même, le divin François d'Assise, n'était-il point heureux de voir qu'il était devenu un objet de dérision et de mépris.

On taxe les autres d'égoïsme.

En effet, leur vie est facile : le jeûne, les macérations, le silence, une dure couche, un pain noir parcimonieusement distribué, parce que *l'homme ne vit pas seulement de pain,* et que tout ce qui est accordé aux sens, diminue sur l'esprit, qu'ils oblitèrent, dénaturent et faussent.

La dernière attaque est celle-ci, le dernier mot de leur réclusion, de leur chasteté, de leur obéissance, c'est :

La paresse !

Et pourtant, quelle vie que la leur !

Ils se lèvent avant le jour; quelques-uns doivent interrompre leur sommeil pour retourner chanter au chœur; s'ils mangent, c'est, pour quelques-uns, un pain mendié, pieds nus, sous un froc de laine, par la pluie et le vent, la poussière et le soleil !

La paresse !

Ce pain, ils le partagent encore, et, outre les repas de pauvres qu'ils font pour l'amour du Seigneur Jésus, ne s'occupent-ils point à instruire, à consoler, à relever. Ne remplissent-ils aucune mission ?

Le feraient-ils encore ? Croyez-vous que leur inactivité corporelle soit une paresse ?

Pour raisonner ainsi, avez-vous sondé leur âme, et compris ce qui se passe en eux ?

XXXIII

Voyez ce moine, ou cette religieuse, immobile.

Ses bras sont croisés sur sa poitrine, ses yeux sont fermés à toutes les choses extérieures, mais le regard de l'âme, cet invisible regard qui ne rencontre que celui des anges, se tourne vers Dieu attiré par un irrésistible aimant.

Si le bord de sa robe remplissait le temple, selon la parole du prophète qui veut nous peindre cette grandeur sans limite, cette puissance sans rivale, si l'esprit tombe non pas seulement prosterné, mais anéanti, en présence de la majesté qui se dévoile, croyez-vous que la notion du temps existe encore, et qu'on s'aperçoive de la fuite des heures?

Dieu !

Ce seul mot suffit pour remplir une méditation.

Mais ceux qui blâment les ordres religieux, ceux qui les bafouent, comme ceux qui en rient, n'ont jamais été au fond de ces trois mots : Méditation, contemplation, extase !

La divine langue des ascètes et des contemplatifs leur est étrangère.

Devant cette lettre-morte pour eux, ils échafaudent pourtant des systèmes et lancent des arrêts.

Leur ignorance, ils l'appellent supériorité.

Fouler aux pieds des préjugées et des superstitions leur semble un grand acte de courage.

Quand ils ont ri des moines, de leurs robes que les boues des cités ne parviennent pas à salir ; de leur continence, qui est la satire de nos vices ; de leur pauvreté royale, qui est la critique de leur faux luxe, ils se croient spirituels et grands, et volontiers ils se délivreraient un brevet de génie.

Les insensés !

Qu'ils étudient une fois, seule, ce qu'ils prétendent juger sans daigner le connaître.

Seulement, qu'ils ne croient pas que l'assimilation, cette grande faculté des hommes qui produisent, peut les initier à ces choses sacrées qu'ils ignorent.

La théorie de la religion est insuffisante pour faire un chrétien.

Lire la règle d'une communauté ne pénètre pas de son esprit.

Quand on a traversé un cloître, on ne connaît point pour cela les religieux.

Un homme du monde, un peintre, un journaliste, peuvent passer six mois à la Trappe ou à la Chartreuse, sans être arrivés, pour cela, à se former une idée nette et précise de la vie des Pères.

Pour juger les choses de la foi, il faut avoir la foi.

Un aveugle ne saurait comparer les objets entre eux.

La sincérité est nécessaire dans toutes les études.

Reconnaissons, à la honte de ceux qui écrivent, qu'ils se donneront souvent une peine immense pour arriver à déchiffrer une inscription, à déterminer l'époque fixe de l'apparition d'un chef-d'œuvre antique, à ressusciter un livre oublié, à tirer de la poussière une médaille rouillée, mais qu'ils trouveront indigne d'eux de prendre la peine d'approfondir les questions qui se rapportent à la théologie ou à la discipline.

S'il est au-dessous de leur génie de les étudier, de quel droit se prononcent-ils?

S'ils agissent sans connaissance de cause, ne font-ils point acte d'hommes légers?

Quand donc les adversaires du catholicisme nous prouveront-ils qu'ils sont logiciens?

Ils craindraient fort, je le sais, une réplique d'un membre de l'Institut à propos d'une question scientifique; ils redouteraient beaucoup les observations d'un antiquaire ou d'un numismate; mais les réponses d'un écrivain catholique! pourquoi? Valent-ils bien la peine qu'on s'occupe d'eux, ces gens qui s'inclinent encore devant la croix et qui s'en tiennent toujours à l'Évangile?

XXXIV

A quelle époque s'est-on davantage appliqué à travestir l'œuvre des Apôtres?

Depuis une année les publications se multiplient dans le but de faire tomber la *pierre de l'angle,* et de couler bas cette barque de pêcheur qui se permet de surnager en dépit des luttes politiques, des attaques pamphlétaires, des élucubrations plus ou moins nombreuses.

Pour nous, quand nous voyons cette lutte acharnée, quand nous assistons à cette bataille armée, qui semble renouveler, avec la plume, la lutte des mauvais anges, nous nous contentons de sourire; ne savons-nous point ce que doit durer l'Église? Le Christ ne nous a-t-il pas dit que *les portes de l'enfer ne prévaudront jamais* contre elle; le *Prince du monde* n'a-t-il pas été vaincu, et devons-nous troubler notre sainte quiétude et notre confiance céleste de l'écho lointain de ces blasphèmes?

Un homme d'un grand talent, Alexandre Soumet, a peint dans son *Enfer* un supplice oublié par le Dante.

Trouvant que l'écrivain qui dénature sa mission se rend coupable du plus grand des crimes, en ce que ce crime, multiplié par les œuvres, gangrène des milliers d'âmes, il a peint ainsi l'un des génies du xixe siècle, révolté contre la foi, révolté contre le Christ !

. . . Tout à coup, pour un autre supplice,
On le vit ressaisir sa lyre, son complice.
Son laurier de douleur se tordit sur son front,
Comme un fer que rougit l'antre du forgeron,
Un feu vif pénétra la lyre encor muette;
Son airain s'alluma dans les bras du poète
Et lui, sous les tourments qui sillonnaient son corps,
Maloch de la pensée et des sombres accords,
Il tortura la corde au blasphème aguerrie;
Sourit au désespoir chanté dans sa patrie;
Et son vers acéré dans sa haine affermi,
Se dressa contre Dieu comme un glaive ennemi,
Jamais des profondeurs d'une âme révoltée,
Nulle voix de défi, si haut n'était montée;
Jamais, sa lèvre en feu n'eut un fiel plus moqueur.
Pour enseigner le crime, il révélait son cœur :
On eut dit que, changée en funèbre harmonie
L'éternité du mal passait dans son génie.
Et l'abîme applaudit, et ce cri du Titan
Agita les tombeaux comme un autre ouragan.
On eut dit qu'en ces mains, la lyre météore,
Pour agrandir ces chants rendait l'enfer sonore.
Et qu'au bronze coulé par les mains du malheur,
La foudre avait prêté ses sens et sa couleur.

Cette éternité du blasphème imposée au poète, à l'écrivain, devant qui s'est levé le voile de l'inconnu, nous semble une magnifique conception, en même temps qu'elle est réellement théologique. Maudire Dieu et le connaître! quelle torture! On est déjà si malheureux de l'attaquer quand on ne le connaît pas.

L'époque de Voltaire se renouvelle et se tranforme. L'incrédulité a tenté de se montrer au grand jour, de s'expliquer en pleine chaire de philosophie, de parler haut à la jeunesse, et de lui inculquer ses négations avec ses désespoirs. On ne s'est pas seulement occupé des pratiques de la religion, objet d'attaques sans cesse renouvelées; on a été assez osé pour porter *la main sur l'arche*, et pour lacérer les feuillets de l'Évangile. Le nier était impossible, on tenta de le dénaturer. En intervertissant l'ordre des versets, en fondant avec une adresse infernale les récits fraternels des Évangélistes, en voulant tout expliquer, afin d'essayer de tout prouver, on est arrivé à composer un livre qui fausse les pages de saint Luc, de saint Matthieu, de saint Marc et de saint Jean. Le grand code de l'humanité est devenu simplement la réunion des principes d'un philosophe. Pauvre, élevé dans une famille d'artisans, il n'en est pas moins devenu le libérateur, non pas d'un peuple, mais le législateur du monde. Sa doctrine est pure; il l'a composée et recueillie d'après les livres anciens des sages de l'Asie, et l'antiquité de sa doctrine, le charme de son enseignement, la mysticité de certaines de ses paroles, le soin qu'il prenait de rappeler souvent qu'il était fils de David, et de prouver qu'il était le vivant accomplissement des prophéties, a suffi, ajoutent les auteurs de ces œuvres, pour changer sa sagesse en sapience, et transformer son humanité torturée en une divinité glorieuse!

XXXV

Il s'est fait, à propos du livre de M. Renan, un bruit énorme; les catholiques romains ont cru devoir anathématiser l'auteur de cet ouvrage, les partisans du professeur ont exalté l'œuvre avec le fanatisme du parti pris, faisant abstraction de la raison saine, droite et froide de la critique. Pour juger un livre, il faut imposer silence à tout sentiment passionné, séparer l'homme de ce qu'il vient d'écrire, et, face à face avec la logique, formuler une opinion fondée sur des bases solides.

Or, par quel côté le livre de M. Renan méritait-il tant d'honneur et valait-il un si grand nombre de réfutations? Car, si toutes n'ont pas paru, beaucoup sont déjà annoncées, et les membres les plus éloquents et les plus érudits du clergé de France se croient obligés de répondre à un pamphlet qui s'attaque au Christ.

Hélas! le livre n'avait pas assez de portée pour que l'on se donnât tant de peine! Après avoir lu, on est si vite convaincu qu'il sera sans influence, qu'il y a plus d'enfantillage théologique que de raison sérieuse à s'en préoccuper.

Qu'est-ce qui donne une valeur à une œuvre ? Quelles qualités les classent au milieu de celles qui sont appelées à faire époque et à fixer un point de doctrine ? Pour être viable, elle doit d'abord contenir des germes nouveaux et féconds, surtout si celui qui l'enfante a la prétention de s'ériger en docteur philosophe et de fonder une école.

La seconde qualité d'nn livre est la forme : une forme personnelle, spéciale, qui permette de reconnaître l'écrivain à son style comme on fait des grands peintres en regardant leurs toiles.

Ces deux qualités existent-elles dans la vie de Jésus. Y trouvons-nous des aperçus lumineux, une façon neuve d'envisager la mission du Sauveur ? M. Renan nie la divinité de Jésus ; mais il ne peut revendiquer l'honneur de l'initiative et ne prétend sans doute pas avoir inventé un système pris, repris, discuté tant de fois avant lui ; il ne possède pas d'idée-mère, il n'édifie rien, ne prouve rien, ne conclut rien.

Mais, pour couvrir la nullité du fonds, il pourrait recourir au prestige de la forme, et draper merveilleusement, avec le manteau du style, la pauvreté de sa statue d'argile. Quand une pensée n'est pas neuve, il reste à l'artiste littéraire la faculté de la renouveler, de la transfigurer, et d'en faire, en la présentant avec un talent réel une chose à lui qui séduit par l'apparence quand elle ne convainct pas par la réalité.

Mais le style de M. Renan est comme sa pensée, flasque, sans relief et plongé dans un perpétuel clair obscur.

On veut, dans un chef d'école, dans un prédicateur, dans un réformateur, une chaleur communicative qui pénètre et entraîne. L'attaque, la controverse ont leur éloquence particulière ; M. Renan a cru que le calme glacé de sa phrase et la froide analyse qu'il a péniblement élaborée, servirait mieux sa cause en ôtant toute idée de passion.

Il s'est trompé.

On sent dans son œuvre une obstination persévérante, le calme y est feint, la passion couve sans éclater. Elle ne se permet pas un mot hardi, elle tremble de se manifester et nage perpétuellement entre deux eaux. M. Renan ne recule pas, cependant, devant les conséquences de son ouvrage ; s'il agit ainsi, c'est qu'il pense se préparer un succès plus durable, en maintenant sa façon de dire et de présenter les choses dans un milieu tempéré ; mais il en résulte seulement que si le livre n'existe pas par l'idée philosophique, il ne vit pas davantage par le côté littéraire.

Pour M. Renan, Jésus est simplement un homme doué de facultés réformatrices. Mais en niant la divinité de Jésus il pouvait au moins le rendre si grand comme prophète et comme législateur, qu'il dépassât aussi bien Moïse que Daniel ou Élie. On devait, en lui ôtant sa place *à la droite du Père,* le montrer sur un trône si haut que nos yeux pussent à peine y atteindre.

Le Christ de M. Renan flotte, hésite et glisse sans marcher, tâtonne dans sa philosophie, emprunte à Jean son baptême, aux prophètes les traits de leurs prédictions, et a, qu'on nous pardonne cette expression, plusieurs manières, comme certains peintres.

L'Évangile, dont les récits nous pénètrent d'admiration, nous le montre doux et patient : M. Renan l'a fait bénin et naïf.

La poitrine de cet homme qui enseigne ne brûle pas du feu sacré; ses paroles manquent de force et d'enthousiasme; ses irritations sont faibles en comparaison des colères indignées de Moïse. Jésus se laisse approcher par tout le monde; il n'aime personne! son cœur ne bat pas, sa tête pense à peine. Il a souvent de mesquines idées et se préoccupe de puérils détails.

Où est le Jésus des Évangiles, qui voit passer un jeune homme et l'aime par une irrésistible sympathie? Où est le Jésus qui pleure parce que Lazare est mort? Le Jésus qui caresse des enfants et confie tous ses secrets à Jean le bien-aimé? Celui-là, M. Renan ne l'a ni vu, ni compris, ni montré.

Dans les Évangiles, le Christ est moins défini qu'il n'est plus tard prouvé par son œuvre. La régénération des mondes crie plus haut que la voix des pauvres pêcheurs de Galilée, dont il fit ses amis.

Si l'on n'admet pas que l'Esprit de lumière et d'amour l'enfanta à la vie terrestre, on ne peut nier du moins que cet esprit l'eut éclairé, possédé, et mit sur sa vie, comme il laissa dans le code de sa morale, un reflet plein d'un divin prestige.

Ce prophète qui accomplissait les prophéties ; ce législateur qui abrogeait la loi de Moïse, l'homme de sang ; ce prêtre d'un culte nouveau, qui repoussait les holocaustes des taureaux et des boucs ; cette victime qui offrait sa chair et son sang à la Cène comme au Calvaire, vit d'une existence surnaturelle dans tous ses actes, et fait de la prophétie et de la thaumaturgie une application trop puissante, pour qu'il soit permis d'effacer, trait par trait, cette sublime figure en affaiblissant la portée de son enseignement et celle de sa vie.

On pouvait présenter Jésus comme un démocrate soulevant la populace d'Ophel ; on pouvait parler de son influence sur les pauvres femmes et les Samaritains ; mais ce qu'on ne devait pas omettre, c'était l'influence énorme que ce fils de charpentier eût pendant sa prédication, non-seulement sur les pauvres, mais encore sur les riches ; car Joseph d'Arimathie, le Centenier, Jaïre, Nicodème et toute la famille de Lazare étaient dans l'opulence.

Il fallait autre chose que l'influence d'un jeune homme inoffensif, beau et doux comme Jésus, pour porter ses disciples à se partager la terre pour enseigner sa doctrine. En admettant que l'intelligence grossière des pêcheurs du lac de Tibériade eût embrassé l'idée que Jésus leur destinait une place réservée dans son royaume temporel, les disciples n'avaient pu conserver cet espoir, après avoir entendu le Christ leur annoncer qu'ils seraient chassés des synagogues, fouettés, honnis, qu'ils n'avaient à attendre que l'ignominie et les supplices; et qu'il expirait enfin devant eux, crucifié comme un voleur, afin de donner le poids de l'exemple à ce qu'il avait annoncé. Leur *royaume*, pas plus que celui de Jésus, n'était de *ce monde*. Que cherchaient-ils donc après lui ? un trépas certain, des tortures sans nom. Ne pouvaient-ils se contenter de proclamer la sagesse du Maître, et de fonder une école de philosophie, sans mourir pour affirmer une divinité dont la prédication ameutait contre eux les proconsuls et les Césars ?

Ce n'est pas le Nazaréen hésitant qui a pu leur communiquer une telle force ; car, jusqu'à sa résurrection et même après, il y a doute et anxiété parmi les apôtres. *Il fallait que le Christ souffrit* et qu'*il entra dans la gloire*, avant de souffler sur eux le vent de l'amour, et de leur donner le baptême du feu et de la lumière. Pendant sa vie mortelle, Jésus leur annonce les défaillances de leur chair, les incertitudes de leur esprit; mais du jour où, les ayant quittés, il les oint de sa force divine, ils cessent d'être des hommes vulgaires et peuvent transporter *les montagnes*.

Jésus ne leur lègue pas seulement une *bonne nouvelle*, mais une puissance : Faites ce que je fais ! *Faites ceci en mémoire de moi*; imposez les mains, et les malades seront guéris ; soufflez sur les possédés, et vous chasserez les démons; parlez, et vous serez entendus de tous les peuples ; étendez les mains vers les temples d'idoles, et les temples crouleront.

Du moment où l'humanité de Jésus disparaît, le Sauveur transmet à ceux qui l'aiment, aux *bénis de son Père,* à ses héritiers, une partie de lui-même et de son pouvoir.

Sous l'ancienne loi, les miracles sont rares ; Moïse, Élie, Élisée en accomplissent bien quelques-uns, mais ils ne sont que les précurseurs de *celui qui doit venir* et qui doit être *puissant en œuvres.* Autour de Jésus, les miracles se multiplient et cependant ils ne sont pas son grand moyen d'action. Jésus préfère l'influence de la parole à l'étonnement qui suit le prodige. Il faut que sa mère le prie, que le Centenier l'implore, qu'une femme redemande à grands cris son fils unique, alors il agit simplement : un mot, un geste suffit.

M. Renan insiste beaucoup sur la répugnance que Jésus éprouve à opérer des miracles. Jésus veut persuader par sa parole et il semble que le miracle n'ait d'autre but que de prouver la vérité aux *hommes de peu de foi.* Quand au frémissement intérieur de Jésus, quand *une vertu est sortie* de lui, les Évangélistes ne se servent qu'une fois de cette expression, et l'on comprend, par leur récit, que le Sauveur ressent alors une impression personnelle, que l'ami a souffert et que l'homme a pleuré avant que le prophète agit. Puis enfin, parce que si le Dieu vit dans l'homme, le voile de cette chair enveloppant la nature divine, cette chair à des frémissements, ses défaillances, ses douleurs, et ne s'en dépouille que pendant la courte durée de la transfiguration.

Le Messie est rapetissé, annihilé, pour ainsi dire, dans le livre de M. Renan. On ne s'intéresse ni au Fils de l'Homme, ni au Fils de David, ni au Fils du Père, ni à l'Homme de douleurs.

Ce Jésus pâle, ondoyant, sans corps vivant comme sans âme qui brûle, manque à la fois de l'inspiration prophétique et de l'autorité du thaumaturge. Pareil aux spectres de Robin, impalpables et doués d'une apparence de vie, on le regarde agir, on l'écoute parler, mais on voit au travers.

Il fallait une force d'esprit prodigieuse pour s'attacher à un sujet pareil.

Ni le rire insultant, ni les négations dubitatives ne peuvent atteindre la *Pierre angulaire*.

Pour se mesurer contre les Évangelistes et lutter contre le miracle du Christianisme persistant, il ne suffit pas d'aligner les mots dits par Jésus et ses amis dans un ordre qui les classe et les étiquette.

Ces paroles, ces mots, ces cris, ces prières demandent les respectueux enchâssements des reliques. On peut les discuter, les approfondir, chercher à en tirer des déductions, des preuves, des corollaires; mais il n'est pas permis de leur enlever leur cachet spécial, de les distancer, de les grouper avec une préméditation qui semble vouloir parvenir à les dénaturer.

La discussion est libre à la condition qu'elle sera franche.

M. Renan n'a pas osé se montrer ce qu'il est. Il a voulu abattre l'arbre de la croix; mais, au lieu de frapper un coup de hache, il a employé la sape et la mine.

Dans la frayeur de montrer un athéisme, revanche du passé, suite de l'enseignement du collége de France, il a tenté de cacher le fond de sa pensée; mais la contrainte qu'il s'imposait a déteint sur son œuvre, sans parvenir à en masquer les tendances, et lui a laissé un sceau d'indélébilité, de faiblesse et d'impuissance. Ce livre sans vie fatigue sans occuper. On le lit avec un sentiment pénible, parce que l'esprit n'y trouve ni substance nourricière, ni intérêt entraînant. Il ne répond pas à l'admiration, et ne justifie pas la crainte; cette œuvre, abâtardie et châtrée, rejette, du haut de sa chaire, l'auteur, dont on estimait les études bibliques.

M. Renan s'est attaqué à un sujet trop haut. La pierre dont il armait sa fronde était trop petite, et le bras qui la maniait manquait de nerf.

A quoi bon relever ce livre : où la semence manque, rien ne peut germer ; toute idée philosophique doit être une bulbe renfermant dans le mystère de sa nature des racines qui pompent les sucs de la terre, les feuilles qui croîtront, la tige, les fleurs et les fruits. M. Renan a le chevelu fibreux et improductif de certaines racines, mais la bulbe n'existe pas.

On peut tous les jours suivre la Sulamite amoureuse courant après le Bien-Aimé, s'asseoir à côté du fumier de Job, et écouter son plaidoyer contre Jehovah; mais s'attacher à la personnalité de Jésus est une tâche énorme et pour laquelle seraient nécessaire tout le souffle de l'inspiration et toute la pompe du langage.

M. Renan a échoué, échoué sans honneur, et nous ne pouvons même pas lui décerner cette palme consolatrice que l'on donne au courage malheureux.

Un immense orgueil l'a porté jusqu'à la montagne où Satan montrait à Jésus l'empire du *Prince du monde*. Il est tombé brusquement, et sa chute n'aura même pas le résultat qu'il en attendait, elle a fait un bruit d'écho sans retentissement.

Résumons donc une appréciation que nous aurions voulu pouvoir développer : le livre de la *Vie de Jésus*, construit avec des matériaux ayant servi à l'érection de plusieurs écoles philosophiques, ne peut être apprécié comme fonds, et manque de valeur intrinsèque.

Quant à la forme, M. Renan affecte de la dédaigner, faute de pouvoir y atteindre.

On achète la *Vie de Jésus* par curiosité, on subit l'ennui opiacé de sa lecture, et on ferme le livre en se demandant :

— Qu'est-ce que cela prouve ?

XXXVI

Nous ne pouvions écrire ce livre, si tant est que ce soit un livre, sans dire quelques mots et de la *Vie de Jésus* qui s'attaque à la foi, et de deux autres ouvrages qui ont subi la condamnation de l'*Index*.

Et, à ce sujet, nous faisons cette réflexion :

Quand un écrivain est condamné par un tribunal à une peine, quelque légère qu'elle soit, pour avoir écrit et publié un ouvrage contraire aux mœurs ou à la religion, il en rejaillit toujours une défaveur sur l'ouvrage et sur l'auteur; mais, si cette sentence est prononcée en cour de Rome, si l'Église insultée se sert de son droit de punir, et désigne aux fidèles les œuvres mauvaises, il semble que cette fois l'opinion publique s'inquiète fort peu de la décision. N'a-t-elle pas pourtant au moins une égale portée ?

Nous mettons le tribunal chargé de prononcer, à Rome, sur les livres qui se publient, bien au-dessus d'un tribunal formé d'hommes plus ou moins compétents.

Il faut, en outre, ajouter que bien des livres ne semblent pas appeler la sévérité des lois, qui méritent la juste colère de l'Église !

Quoi ! l'on osera s'attaquer à l'Évangile ; puis, car *le serviteur n'est pas plus grand que le maître,* l'on tentera de tout ternir et de tout conspuer, depuis la robe du prêtre jusqu'à celle de la religieuse, et il faudra que ces insultes soient endurées ! C'est à Rome qu'il appartient de parler alors ; c'est à la sacrée congrégation de l'*Index* de fulminer contre les fauteurs de ces livres.

Ajoutons ceci pour la consolation des âmes.

Le titre, à notre époque, est malheureusement la moitié du succès d'un livre ; quant à un titre alléchant se joint un nom d'auteur à demi voilé, le scandale promet d'être double, et le tapage augmente autour de l'œuvre ; mais souvent ce n'est qu'une combinaison d'éditeur avide de voir s'écouler et se succéder les éditions d'un ouvrage. Nous ne pouvons croire, nous ne croyons pas que le *Maudit* et la *Religieuse* aient pour auteur le malheureux que l'on désigne. Nous les avons nommés, ces ouvrages, parlons-en un peu.

Quand on connaîtra la nature de ces livres, quand on saura de quelle façon ils sont faits, l'on se consolera peut-être : il n'y a de dangereux que les ouvrages de valeur, et ceux-là n'en ont aucune.

Des plaintes contre la vie mesquine des couvents, des attaques contre cet esprit prétendu de prosélytisme que l'on dit dominer toutes les règles claustrales, des découpures maladroites faites dans les journaux, des appréciations malveillantes des œuvres des Pères, des définitions erronées, des attaques qui peuvent paraître plausibles et sérieuses à des ignorants, mais qui feront sourire les gens instruits, des plagiats gâtés, car celui qui emprunte doit au moins, si l'invention lui manque, compenser ce défaut par l'attrait de la forme et la nouveauté de la façon dont les choses sont présentées à la discussion ; enfin, une platitude, l'une en trois, l'autre en deux volumes, écrite avec un style enflé et long, prétentieux et incolore.

Une action presque nulle, péniblement échafaudée, mal reliée, ne tenant à rien, de l'impiété masquée de respect, de l'immoralité en apparence couverte d'un manteau décent, tels sont le *Maudit* et la *Religieuse*, deux œuvres sentant la gangrène morale, et pour lesquelles on regrette qu'il ne soit plus en usage que certains livres soient brûlés de la main du bourreau.

Les livres sont des empoisonneurs !

Le tribunal qui portait contre eux jadis de semblables sentences n'existe plus en France, il siége encore à Rome, et si le brasier de l'exécuteur des hautes-œuvres ne s'allume plus pour les dévorer, au moins sont-ils signalés à la société, à la famille.

Il serait à souhaiter que, dans tout le monde catholique, la liste des volumes condamnés fut communiquée aux journaux, par l'entremise de la nonciature ou de l'évêché, et qu'elle fut régulièrement publiée. Il deviendrait doublement alors coupable de les lire, et cette autorisation ne serait accordée, comme en Italie, que quand elle est nécessitée par des obligations de situation, telles que le journalisme, la critique, etc.

Mais il ne suffira jamais d'interdire la lecture des livres mauvais ; le meilleur remède à l'esprit corrupteur qui souffle dans les masses, serait d'en publier de bons. Malheureusement, les écrivains catholiques sont, il faut l'avouer, beaucoup moins soutenus que les écrivains profanes. Pour avoir de saines idées en morale, et ne jamais aller à côté de la théologie, ils n'en sont pas moins des hommes du siècle, obligés de vivre comme leur situation le demande. Ils n'ont fait vœu d'obéissance qu'à la doctrine de l'Église et ne se croient pas obligés à la pratique absolue de la pauvreté. Or, les *revues* et les *journaux* catholiques leur rendent impossible, par les conditions qu'ils offrent, la vie matérielle ; nous demandons pourquoi le Sénat, qui s'élevait il y a quelque mois avec tant de raison contre les œuvres dangereuses, ne protége pas les lettres catholiques ? Pourquoi les écrivains religieux semblent les parias de la littérature ? Pourquoi un *raca !* injurieux leur est sans cesse jeté à la face.

Les prix Monthyon sont plus qu'insuffisants pour encourager les écrivains.

Au nombre des livres destinés à produire un bien plus direct, il faudrait placer le roman honnête, dans le sens absolu de ce mot, et pour celui-là on n'a encore rien trouvé, rien imaginé.

Jusqu'à ce qu'une société largement et puissamment organisée se fonde pour arriver à un résultat sérieux, les livres dangereux continueront à pleuvoir, et ceux qui resteront à combattre du côté religieux seront indubitablement les martyrs de leur cause.

XXXVII

Victorine vint un jour proposer à Stylite d'assister, dans une communauté dont elle connaissait la supérieure, aux exercices de Sainte-Gertrude.

Les *Exercices de sainte Gertrude !* quelle énigme pour les gens du monde.

Beaucoup de personnes, sans doute, ignorent la valeur de ceux de saint Ignace, et se trouveraient fort embarrassés s'ils devaient faire une *retraite,* seuls en face d'eux-mêmes. Il semble que le mot retraite soit le synonyme de *prédicateur...* C'est bien mal comprendre la parole du cantique : — *Je la conduirai dans la solitude, et je parlerai à son cœur.* Pour parler à cette âme, à cette épouse, le Bien-Aimé a-t-il donc besoin d'un intermédiaire ?

Nous aimons et nous approuvons les retraites en commun; l'Esprit de prière semble planer au-dessus d'une nombreuse assemblée; la ferveur se communique, la dévotion devient saintement contagieuse; mais nous préférons cependant à ces retraites, prêchées avec pompe, mêlées de chants et de musique, ces *retraites* pendant lesquelles l'âme est seule devant Dieu, pendant huit jours entiers, écoutant sa parole, vivant de sa vie.

Rien ne saura faire comprendre la gradation de terreur, de repentir, d'amour, d'aspiration à la pénitence, de soif de pardon, d'action de grâce et de béatitude par laquelle passe une âme que Dieu visite dans la solitude qu'elle s'est ménagée pour lui.

Tout est intime, personnel, direct; Dieu ne s'explique point par la bouche d'un de ses ministres; *il se tient à la porte, il frappe,* et dès qu'on lui a ouvert, il prend possession de cette âme souillée, l'entoure de son souffle, la baigne de ses larmes, l'inonde de son sang...

Il oublie que cette âme *l'a outragé devant son peuple pour un peu d'orge et un morceau de pain...* qu'elle *a fait deux choses mauvaises, qu'elle l'a abandonné, lui, la source d'eau vive, et s'est creusé des citernes, fosses entr'ouvertes qui ne peuvent retenir l'eau...*

Il voit seulement qu'elle s'écrie :

— *Qui me donnera dans le désert une cabane de voyageur ?*

Et il lui répond de sa voix imprégnée de miséricorde :

— *Comme une mère console son enfant, ainsi je vous consolerai... J'entendrai les soupirs du cœur brisé... Je chercherai les brebis qui étaient perdues, je relèverai celles qui étaient tombées ; je banderai les plaies de celles* qui étaient blessées ; je fortifierai celles qui étaient faibles... J'allumerai le feu en vous, et je brûlerai tous les arbres verts et tous les arbres stériles... J'ai aimé Jérusalem d'un amour de jalousie... Calme-toi ! console-toi, mon peuple, car je dis : Aux captifs : — Vos fers seront brisés ; à ceux qui sont dans les ténèbres, voyez la lumière ! Ils trouveront une nourriture abondante sur le penchant des collines.

Ils n'éprouveront plus ni la faim ni la soif ; la chaleur et le soleil ne les brûleront plus ; un Roi miséricordieux les conduira à la source des eaux... Je te donnerai des trésors cachés... Aime ton Sauveur, ta récompense est en lui !

Comment l'âme ne céderait-elle point à l'attrait de cette parole intime ; si elle hésite un peu, si elle tremble qu'une fois rentrée en grâce l'Époux ne se montre exigeant, si elle cherche un prétexte pour retarder la visite de la grâce et dit avec la Sulamite :

— *J'ai ôté ma tunique, comment la vêtir encore?*

Cette tunique, c'est la pureté que le péché lui a fait perdre ; la vêtir de nouveau, c'est s'obliger à renoncer à ce qu'elle aime en dehors de Dieu.

Cependant, le Bien-Aimé insiste ; *il étend sa main à travers les treillis.*

Alors l'épouse, touchée de cette insistance, cède à l'amour, se lève ; *son cœur a été ému de compassion pour lui* ; la grâce la touche enfin, elle s'élance, les mains parfumées, le visage riant...

Si la Sulamite appela vainement ensuite celui

qu'elle avait d'abord repoussé, si vainement elle le chercha aux lieux ou il avait passé, si elle l'appelât sans qu'il daignât lui répondre, l'âme, plus heureuse, est sûre que Jésus, *qui lui a donné pour demeure la solitude et pour retraite le désert,* lui prodiguera tous *les biens réservés à ceux qui le craignent.*

Alors ayant rencontré celui qu'elle aime, elle ne le laissera plus s'éloigner.

Et le Seigneur lui dira :

— *J'ai étendu sur toi mon vêtement, j'ai juré de te protéger, je t'ai lavée dans une eau sainte, et j'ai répandu sur toi l'huile des parfums ; je t'ai revêtue de robes éclatantes, je t'ai donné une chaussure magnifique ; je t'ai ornée de lin, je t'ai parée des vêtements les plus fins ; je t'ai mis des bracelets aux mains, des colliers autour du cou ; des cercles d'or et des pierreries pendantes à tes oreilles et une couronne sur ta tête ; je te nourrissais de ce qu'il y avait de meilleur et de plus exquis ; ta beauté avait acquis un si grand éclat que tous en étaient ravis ; je t'élevais jusque sur le trône.*

Mais l'âme n'est aussi belle que parce qu'elle arrive *du désert, appuyée sur son Bien-Aimé.*

Et quand le Christ l'a faite si magnifique par la pénitence, il crie :

— *En ce jour-là, le vin coulera de la montagne, venez, car le pressoir est plein !*

Quel vin? quel pressoir?

L'âme se le demande ravie, éperdue, épouvantée aussi.

Elle s'écrie :

— *Quel est celui qui vient avec des habits teints de sang ? qu'il est beau dans sa parure !*

Elle le reconnaît, c'est Jésus ! et elle ajoute :

— Mais pourquoi, Maître et Sauveur, *pourquoi votre robe est-elle rouge, et pourquoi vos habits sont-ils comme les vêtements de ceux qui foulent les pressoirs ?*

Le pressoir, c'est la Croix, la robe est teinte de sang !

C'est la Croix, c'est l'Eucharistie, c'est le Ciel !

L'âme voit *un vase bouillonnant ;* ce calice *est enivrant et délicieux,* l'âme *est altérée du Dieu vivant, comme le cerf soupire après l'eau des torrents ;* elle voit, elle s'enivre, elle est rassasiée ; elle sent que sa *chair a refleuri,* et qu'*il a renouvelé sa jeunesse comme celle de l'aigle !*

Toutes les consolations de la foi sont prodiguées à l'âme dans ces jours bénis ; ce que l'on croyait trouver long passe comme une heure ; c'est un rafraîchissement délicieux, d'autant plus grand, que Dieu qui connaît l'esprit de ses enfants, distribue à chacun ce qu'il lui faut.

Nous ne savons rien de plus consolant que ce genre de retraite. Dans les communautés, pour reposer les religieuses du labeur des études, on leur permet souvent ces exercices comme le plus cher et le plus salutaire des repos.

Mais il existe, pour les couvents, une suite d'*Exercices* qui ne sont point, comme ceux de saint Ignace, aussi utiles aux gens du monde qu'aux religieux ;

ceux-ci ont été composés par une religieuse, expressément pour les vierges consacrées au Christ.

Tout ce qui tient à la vie monastique possède, à notre point de vue, des poésies si intimes et si douces, que nous ne pouvons nous lasser de fouiller cette mine féconde.

Qu'y a-t-il de plus pieux et de plus charmant que l'office destiné à servir de remerciement à Dieu, pour avoir permis à la vierge chrétienne de prendre le saint habit :

Répons : J'ai méprisé le royaume de ce monde et toutes les pompes du siècle pour l'amour de Jésus-Christ, mon Seigneur.

Je l'ai vu et je l'ai aimé; en lui j'ai cru, à lui j'ai donné mon amour !

Verset : Mon cœur a produit une bonne parole; c'est au divin Roi que je dévoue mes œuvres.

Je l'ai vu et je l'ai aimé; en lui j'ai cru, à lui j'ai donné mon amour !

Quel merveilleux dialogue, débordant de lyrisme et d'enthousiasme.

Voix du Christ parlant a l'ame : Regarde vers moi, afin de me reconnaître, ô ma colombe! Je suis Jésus, ton ami le plus cher; ouvre-moi le plus intime de ton cœur. Je suis de la contrée qu'habitent les anges, et ma beauté est incomparable. Je suis la splendeur du divin soleil. Je suis cette brillante journée de printemps dont l'éclat est sans égal et qui ne connaît pas de couchant. La majesté de ma gloire, cette majesté qui est mon essence même, remplit le ciel et la terre, et l'éternité seule peut en mesurer l'étendue. Moi seul, je porte sur la tête le diadème impérial de ma divinité. Mon front est aussi entouré d'une guirlande de roses, en souvenir du sang que j'ai versé pour toi. Ni au-delà du soleil, ni au-dessous de lui, nul n'est semblable à moi.

Au signal que je leur donne, les chœurs des vierges, pures comme les lis, s'avancent vers moi; je les précède dans la région de l'éternelle vie, dans les délices dont ma divinité est la source; je les nourris de la jouissance d'un bonheur sans fin.

En même temps, je ne dédaigne pas d'abaisser mes regards vers cette vallée terrestre, afin d'y recueillir les violettes sans tache qu'elle produit.

Celle donc qui consentira à m'aimer, je veux l'unir à moi, et je l'aimerai avec ardeur. Je lui apprendrai le cantique des vierges, dont la mélodie émane de moi, avec tant de douceur qu'elle ravit mon épouse, et qu'elle l'enchaîne à moi par le plus doux lien d'amour. Ce que je suis par nature, elle le deviendra par la grâce. Je la serrerai dans les bras de ma tendresse, sur le cœur de ma divinité, et l'ardeur de l'amour que j'ai pour elle, la fera fondre comme à l'approche du feu. Si tu veux être à moi, ma colombe chérie, il faut que tu m'aimes avec tendresse, avec sagesse et avec force, c'est alors que tu goûteras les douceurs que je te promets!

Et voici ce que la vierge répond :

« O Jésus! unique amour de mon cœur, amant rempli de tendresse, aimé, aimé, aimé au-dessus de tout ce qui fut jamais aimé, c'est vers vous que soupire et languit l'ardent désir de mon cœur. Vous êtes pour lui comme un jour de printemps où circule la vie, et qu'embaume le parfum des fleurs.

« Oh! puisse s'accomplir en moi cette union étroite avec vous, Soleil véritable! C'est alors que votre influence fera produire à mon âme les fleurs et les fruits d'un avancement digne de vous; avec ardeur j'attends votre présence. Venez à moi, comme la tourterelle à sa compagne. Par vos divins attraits vous avez blessé mon cœur. Mon Bien-Aimé! mon Bien-Aimé! si cette alliance m'était refusée, mon bonheur dans l'éternité ne saurait être parfait. »

Puis de nouveau se fait entendre la voix du Christ, qui consent à s'unir à l'âme d'une façon indestructible, enfin les actions de grâce de la nouvelle épouse éclatent; elle reconnait toutes les preuves d'amour que le Christ lui a données; en souvenir des paroles que le Pontife lui adressa : *Venite! venite!* elle répond à Jésus qu'elle accourt, impatiente, et prononce cette litanie dans laquelle elle s'adresse au ciel tout entier :

« Source de l'éternelle lumière, sainte Trinité, ô Dieu, soutenez-moi par votre divine puissance; gouvernez-moi par votre divine sagesse, et rendez-moi votre cœur par votre divine bonté!

« Père céleste, Roi des rois, daignez accomplir en moi les noces de votre Fils qui, lui aussi, est Roi.

« Jésus-Christ, Fils du Dieu vivant, que mon amour s'unisse à vous ; car vous êtes mon Roi et mon Dieu.

« Esprit-Saint, divin Paraclet, unissez pour jamais mon cœur à Jésus, dans le lien d'amour par lequel vous unissez le Père et le Fils.

« Sainte Marie, mère du Roi, de celui qui est l'Agneau et l'Époux des vierges, conduisez-moi à l'alliance de votre Fils Jésus, par la chasteté du cœur et des sens.

« Saints Anges et Archanges, obtenez-moi d'entrer avec une pureté semblable à la vôtre dans le sanctuaire nuptial de mon époux Jésus.

« Saints Patriarches et Prophètes, obtenez-moi un amour qui soit tel que l'exige de moi mon époux Jésus.

« Saints Apôtres, priez, afin que j'obtienne le mystérieux baiser de la bouche, de la part du Verbe de Dieu qui est la vie, et que vos mains ont touché.

« Saints Martyrs, obtenez-moi cet ardent désir qui mérite la palme du martyre, afin que je puisse aller au-devant de Celui dont les roses et les lis forment la couronne.

« Saints Confesseurs, obtenez-moi d'imiter en toute perfection et sainteté la vie de mon Seigneur Jésus.

« Saintes Vierges, obtenez-moi cette chaste tendresse qui me donnera le droit de faire mon nid, comme la tourterelle, dans la blessure d'amour qui est au cœur de mon époux Jésus.

« Tous les Saints, obtenez-moi d'entrer aux noces de l'Agneau, avec cette digne préparation que chacun de vous a accomplie, pour être admis à contempler la face de Dieu.

« Soyez propice, Seigneur, et délivrez-moi de tout ce qui m'empêche d'aller à vous.

« Par votre Incarnation, faites que je vous aime avec tendresse, avec sagesse et avec force.

« Par votre Passion et votre Mort, faites que je meure à moi-même, et que je ne vive qu'en vous.

« Par votre glorieuse Résurrection et votre admirable Ascension, faites-moi avancer chaque jour de vertu en vertu. »

Puis vient ensuite cette belle prière :

« O Jésus, vous qui êtes l'Époux semblable à la fleur des champs, si la mort sépare l'âme du corps, faites que votre amour réunisse mon cœur au vôtre, en sorte que leur union soit indissoluble. »

Nous ne pouvons citer toutes ces admirables prières, nous ne pouvons citer ce merveilleux office, épanchement perpétuel entre l'âme et Dieu; on doit avoir vu, par ce qui précède, à quelle élévation atteignent les prières imprégnées du sentiment de la piété la plus tendre.

Victorine et Stylite purent pendant quelques jours exister d'une vie de recueillement, que leur retour dans la famille ne parvenait pas à dissiper. Elles se firent alors l'illusion que tout obstacle était détruit, et que le Dieu qui les appelait venait d'aplanir la route.

Par anticipation, il leur arrivait souvent de bénir

Dieu, qui venait de contracter avec elle la plus indissoluble des unions.

Rien n'était capable de rompre leurs projets ; elles en avaient fait la partie mystérieuse et chère de leur vie ; elles se réfugiaient dans cet avenir et supportaient l'épreuve de l'attente. Dans la crainte, sans doute qu'elle parut trop longue et trop rude à leur impatience, des consolations leur étaient de temps en temps envoyées, car Dieu sait quelle faiblesse est en nous, et connaît le limon dont il nous a pétris.

XXXVIII

Madame de Lendeven revint de Paris, et cette froideur impalpable, qui échappe à l'analyse, mais qui se glisse partout et suffit pour dénaturer et gâter tous les bonheurs, retomba sur la maison, et parut d'autant plus douloureuse au père de Stylite que son intérieur s'était pendant un mois réchauffé à la bonne grâce, au rayonnement de la jeune fille.

La table redevint austère, froide, frugale; les promenades du soir furent supprimées; la conversation perdit son tour animé. Le temps des repas, qui réunissait la famille, ne fut employé qu'à parler des économies réalisables, à calculer des chiffres de dépense.

Le fonctionnaire, attaché tout le jour à son bureau, à sa caisse, qui ne voyait, qui ne trouvait, qui ne faisait que des calculs, était encore assourdi, fatigué par des comptes nouveaux.

Madame de Lendeven l'entretenait des canifs perdus, des livres tachés d'encre, des cahiers égarés de Roland; elle trouvait chaque jour une augmentation désastreuse sur les denrées ; les professeurs de Stylite se faisaient payer trop cher, et l'un d'eux regardait toujours à sa montre pour voir si son heure était écoulée.

Puis, c'étaient des remarques puériles, des cancans de province ; madame Auval, la femme du président dépensait trop ; celle du procureur général était avare ; les dîners de madame Lambert la ruinaient ; cette autre conduisait ses filles aux eaux dans l'espérance fallacieuse de les marier, malgré la maigreur de leur dot...

M. de Lendeven répondait par monosyllabes ; parfois il regardait Stylite et semblait lui redemander les entretiens d'autrefois.

XXXIX

On ne saurait trop répéter aux femmes que si la vertu est nécessaire pour sauvegarder l'honneur de la famille, c'est l'amabilité qui en conserve le bonheur intime.

L'époux, la mère, la jeune fille doivent en tous temps, à toute heure, se souvenir que la félicité de ceux qui les entourent dépend de cette douce gaieté, de cette condescendance aimable, de cette grâce souriante qui met sur toute chose une grâce nouvelle.

On s'imagine parfois que l'école des saints est une école austère : combien l'on se trompe ?

Est-il un plus doux accueil que celui de la *sœur de charité* qui prend dans ses bras un petit enfant? Avec quelle angélique douceur la *sœur hospitalière* parle au pauvre malade !

Voyez quelle tendresse affable dans la façon dont les vieillards sont traités par les *petites sœurs des pauvres*.

Si vous voulez voir sur un visage humain l'expression d'une béatitude céleste, regardez les *sœurs aveugles de Saint-Paul.*

Dieu habite dans les cœurs gais, disait sainte Thérèse.

Rien ne fait plus de tort à la religieuse que les figures tristes, blêmes de ceux qui disent la pratiquer.

Le Christ recommandait à ceux qui jeûnaient de se farder le visage ; ce fard qu'il demande, c'est la bonne humeur, le contentement, la joie.

Il semble que faire profession de vertu entraîne avec soi une satisfaction si intime, que la sérénité, non pas seulement placide, mais heureuse et pour ainsi dire béatifique devrait rayonner sur le front de ceux qui peuvent se dire : J'appartiens au Christ :

L'Évangile, bien compris, n'est que sourire et joie ; tout y convie à la tendresse, à l'effusion.

Le Sauveur, dans sa gravité douce, respire perpétuellement une bonté attirante :

Qui repousse-t-il ?.....

Les publicains? — Il dîne avec eux.

Les femmes coupables ? — Il demande à boire à la Samaritaine et permet à Madeleine de parfumer ses pieds?

Les petits enfants ? — Ils courent à lui d'eux-mêmes ; et si les mères tremblent de les voir importuner le grand prophète, Jésus se contente de dire : — *Laissez venir à moi les petits enfants, car mon royaume appartient à ceux qui leur ressemblent.*

Les pauvres? — Il multiplie le pain pour eux.

Les malades? — Il étend sa main sur les lépreux.

Les affligés ? — Il songe à ce que souffrira sa Mère, et rend à la veuve de Naïm le fils qu'elle a perdu.

Les méchants, les larrons? — Il promet le paradis à celui qui se repent sur la croix.

Qui a-t-il repoussé? Sur qui a-t-il oublié de faire tomber la rosée de sa miséricorde !

Comment peut-on se vanter d'être les imitateurs de Jésus quand on ne commence pas par régler sur cette figure céleste son extérieur et son maintien.

La religion est aimable; elle donne la patience, la chasteté, l'espoir, la résignation, la force! n'est-ce pas plus qu'il ne faut pour combler l'âme d'une joie surhumaine?

Lorsque ceux qui se disent chrétiens et qui le sont par la foi robuste, joindront à cette foi le charme de la charité qui se fait toute à tous, qu'auront à répondre les adversaires de nos croyances.

Ils reprochent à ceux qui affectent la piété de manquer d'indulgence, de bonté, de compassion. Avouons que trop souvent ils ont raison. On n'attend pas à être sans péché pour jeter la première pierre à celui qui tombe...

Le grand apostolat de la femme, qui a pour théâtre la famille, n'est possible, facile et glorieux, qu'à la condition de s'exercer sans bruit, sans lutte, non pas sans qu'elle y songe, mais sans que ceux qui en sont l'objet puissent s'en douter.

Écoutez ce que dit Jérôme à Léta :

« Si une femme fidèle a un époux infidèle qui con-

« sente à demeurer avec elle, qu'elle ne se sépare point
« d'avec lui, car le mari infidèle est sanctifié par la
« femme fidèle, et la femme infidèle est sanctifiée
« par le mari fidèle; autrement, vos enfants seraient
« impurs et profanes, au lieu que maintenant ils sont
« purs. (*Saint Paul aux Corinthiens.*) Si, jusqu'ici,
« l'on a douté de ces paroles, qu'on jette les yeux sur
« la maison de votre père, qui, quoique plongé dans
« l'idolâtrie, est un homme d'une naissance illustre et
« d'une profonde érudition : on verra que cet avis
« de l'apôtre a été avantageux et salutaire à votre
« famille, puisque les fruits qu'elle a fait naître ont
« adouci l'amertume de sa racine, et que d'une mau-
« vaise tige on a vu couler un baume précieux.

« Vous êtes née d'un père infidèle et d'une mère
« fidèle, et néanmoins, vous avez donné la vie à ma
« chère Paula.

« Qui eut jamais cru qu'Albin, prêtre des idoles, eût
« pu devenir l'aïeul d'une fille qui, balbutiant encore,
« chanterait devant lui les louanges de Dieu, et que le
« vieillard eut élevé dans sa maison une épouse de
« Jésus-Christ.

« Nous voyons ainsi qu'une maison de fidèles sanc-
« tifie un père infidèle, et que celui qu'une famille
« fidèle environne, est déjà novice dans la foi.

« Je crois que Jupiter lui-même eut enfin adoré
« Jésus-Christ, s'il eut eu une semblable famille.

« Peut-être qu'Albin rira de ma lettre, et qu'il m'ap-
« pellera ridicule et insensé, car son gendre, avant sa

« conversion, agissait de la même manière. Souvent,
« on ne naît pas dans la foi des chrétiens, mais tou-
« jours on le devient par la foi des autres. »

Et ailleurs :

« Léta, ne désespérez point du salut de votre père,
« vous le gagnerez par cette foi qui vous a rendue
« digne d'être mère de votre fille.

« Ce qui paraît impossible aux hommes, ne l'est pas
« à Dieu; il est toujours temps de se convertir. »

Puis, plus loin :

« Chacun doit demeurer en l'état où il était quand
« Dieu l'a appelé, celui qui est sous un joug avec un
« autre, ne doit pas le laisser dans la boue. »

Mais comment l'en retirera-t-il?

Par quel charme agira-t-il sur lui?

Par la prière? elle serait parfois stérile; et puis, comme le remarque le saint dont nous nous plaisons à bien faire comprendre l'esprit, parce qu'il forme à la fois pour la terre et pour le ciel les enfants, les jeunes filles et les mères :

« Il faut rester vierge si l'on veut prier toujours, ou cesser de prier, si l'on veut s'acquitter des devoirs du mariage. »

Ces devoirs sont multiples comme les besoins mêmes du cœur. Les grandes lignes de conduite d'une femme chrétienne, fidèlement suivies, ne constituent pas l'accomplissement de tous ses devoirs; elle doit le *bonheur* à son époux, et croit avoir acquitté sa dette quand elle a pu se dire et répéter surtout aux autres :

— Je suis une honnête femme !

Lia aussi était une honnête femme !

Pourquoi donc Jacob lui préférait-il Rachel ?

La femme de Tobie était une *honnête femme,* ce qui ne l'empêchait point d'ajouter aux douleurs cuisantes de son mari, en lui reprochant sans cesse une ruine causée par des aumônes trop nombreuses à ses yeux.

La femme de Job était une *honnête femme,* et, cependant, l'éprouvé par excellence ne peut s'empêcher de compter au nombre de ses maux que sa femme *a horreur de sa respiration !*

Madame de Lendeven était dans toute l'acception de ce mot : une honnête femme ! mais rien de plus. Et nous ne saurions trop le répéter, cela ne suffit point à une femme chrétienne.

La maison devint froide, glaciale, l'économie fut encore augmentée s'il est possible ; les journées se passaient d'une façon uniforme que la prière ne sanctifiait plus autant pour Stylite, car sa mère craignait pour elle la solitude de sa petite chambre, dans la crainte que, par la pensée, cette chambre se transformât tout de suite en une cellule pour la jeune fille !

Elle ne se trompait pas beaucoup, il faut l'avouer ; mais les mères ne devraient-elles point s'estimer trop heureuses d'avoir des filles comme Stylite, bénédiction vivante du foyer qu'elles protègent par leur innocence même.

Oui, elle aimait le silence, la retraite, la solitude ;

elle peuplait son isolement, elle entendait des voix quand elle se taisait.

De même que les images ne se reflètent point dans l'eau troublée d'un lac, de même les choses du ciel ne sauraient se réfléchir dans une âme occupée des vanités de la terre.

Et Stylite, la dévouée, la bonne, la tendre, l'héroïque Stylite, n'eut demandé à sa mère que le bonheur de prier pour elle, et de se séparer par anticipation d'un monde où elle savait qu'il lui serait dangereux de vivre.

Ah! que de bon cœur elle eut subi les étreintes de la fièvre la plus douloureuse, si elle avait pu souffrir dans cette même cellule de sœur Sainte-Thérèse, qui l'avait vue brûlante, malade, mais heureuse, ouvrir son cœur d'enfant et son âme de vierge à la poésie des Pères du désert!

Il faut avoir habité une chambre de religieuse pour savoir quelle paix on y respire!

XL

La cellule d'une religieuse est, après la chapelle, l'endroit où elle se plaît le mieux : dans la cellule règne le calme de l'église, le Sauveur y est présent encore; son image seule rayonne sur la blancheur des murs. La cellule est la chambre nuptiale de la vierge. Elle l'aime par sentiment, par piété, et de plus, tous les maîtres de la vie spirituelle conseillent de chérir cette retraite intime, de se réfugier dans le mystère de cette solitude.

Les joies du recueillement surpassent toutes les autres joies.

L'Esprit-Saint ne dit point qu'il se manifeste dans les foules, dans les assemblées bruyantes, il déclare qu'il conduira l'âme dans la solitude avant de parler à son cœur

Le bonheur intime que l'on goûte dans ces entretiens avec Jésus est tel, que si, dans le monde, les femmes l'éprouvaient une heure, les frivolités de leur existence s'éteindraient une à une, pour céder à l'impulsion qui les porterait à souhaiter, le plus souvent possible, les communications avec l'Esprit de lumière, à les implorer, à les recevoir à genoux, à l'en bénir avec toute l'effusion de la reconnaissance.

Écoutons encore le maître des cénobites qui forma les âmes de Paula, de Marcella et d'Eustochie. Quand on traite des matières si hautes, l'on ne saurait trop appuyer sa parole de l'autorité de nombreuses citations :

« Le Sauveur préfère Marie assise à ses pieds à sa sœur Marthe, qui s'empresse pour le recevoir avec tout le zèle que demande l'hospitalité.

« *Marie a choisi la meilleure part, elle ne lui sera point enlevée.* »

Imitez Marie, et préférez la nourriture de l'âme à celle du corps. Laissez à vos sœurs l'embarras du ménage et le soin de recevoir Jésus-Christ en leur maison. Mais vous, déchargée des affaires accablantes du siècle, mettez-vous à ses pieds, et dites-lui avec l'épouse des cantiques :

« — *J'ai trouvé celui que mon âme cherchait ; je l'arrêterai et ne le laisserai point partir.* »

Et qu'il vous réponde :

« — *Une seule est ma colombe et ma parfaite amie, elle est unique, et celle qui lui a donné la vie l'a choisie préférablement à toute autre.* »

Jouissez dans le secret de votre chambre des caresses de votre époux.

Faites-vous oraison ? — Vous lui parlez.

Faites-vous quelque lecture ? — C'est lui qui vous parle.

Il viendra pendant votre sommeil, par derrière la muraille, il passera sa main par l'ouverture de la porte, et vous serez émue à son approche.

Réveillez-vous vite, et sortant du lit, dites :

« — Je suis blessée d'amour... »

Et il ajoutera :

« — *Ma sœur, mon épouse est un jardin fermé ; c'est un jardin fermé et une fontaine scellée.* »

Est-il besoin de chercher votre époux sur les places publiques et de faire le tour de la ville pour le chercher. En vain direz-vous :

« — *Je me lèverai, je ferai le tour de la ville, je chercherai dans le marché et sur les places publiques le Bien-Aimé de mon âme.* »

Personne ne daignera vous répondre.

N'espérez pas trouver votre époux au milieu de la foule.

Le chemin qui conduit à la vie est petit et étroit.

Ainsi, l'épouse ajoute :

« — *Je l'ai cherché et je ne l'ai point trouvé, je l'ai appelé et il ne m'a point répondu.* »

Hélas ! n'eussiez-vous point d'autre chagrin ! mais vous en éprouverez un autre plus accablant, car on vous blessera, on vous dépouillera, et dans l'excès de votre douleur vous direz :

« — *Les gardes qui parcourent la ville m'ont rencontrée ; ils m'ont frappée, blessée, ils m'ont enlevé mon manteau.* »

Si l'épouse qui disait :

« — *Je dors, mais mon cœur veille! mon Bien-Aimé est pour moi comme un bouquet de fleurs de myrrhe; il demeurera sur mon sein...* »

Si cette épouse, pour être sortie de chez elle a éprouvé tant de malheurs, que ne nous arrivera-t-il pas, à nous, jeunes filles, qu'on laisse dehors, tandis que l'épouse entre dans la chambre de l'époux?

Jésus-Christ est jaloux; personne que lui ne doit voir votre visage. En vain, justifierez-vous votre conduite :

« — *J'étais couverte de mon voile, je suis allée vous chercher où vous étiez, et je vous ai dit :* — *O Bien-Aimé de mon âme, apprenez-moi où vous menez paître votre troupeau et où vous reposez à midi, pour ne pas être obligée de me cacher le visage, en rencontrant les troupeaux de vos compagnons.* »

Irrité contre vous, l'époux vous répondra dans sa colère :

« — *Si vous ne vous connaissez pas, ô vous qui êtes belle entre toutes les femmes, sortez et suivez les traces des troupeaux, et menez paître vos chevreaux dans les tentes des pasteurs!*

C'est-à-dire : si malgré votre beauté et l'amour de votre époux, pour vous seule, vous vous compromettez; si vous ne surveillez votre cœur avec la plus grande vigilance, si vous ne fuyez les yeux des jeunes gens, l'époux vous chassera de son lit, et vous fera paître ces boucs, qui, au jour du jugement, doivent être placés à sa gauche.

Écoutez, ma mère, ma fille, ma compagne, ma sœur ! Écoutez le prophète Isaïe :

« — *Mon peuple, entrez dans vos chambres, fermez vos portes, et tenez-vous cachés pour un moment, jusqu'à ce que la colère du Seigneur soit passée.* »

Que les vierges folles courent les rues : quant à vous, restez avec votre époux dans l'intérieur de votre maison ; fermez sur vous la porte avec soin, et priez, suivant l'Évangile, votre Père dans le secret. Alors l'époux viendra et dira en frappant à votre porte :

« — *Me voici à la porte, et c'est moi qui frappe ; si quelqu'un m'ouvre, j'entrerai, je souperai avec lui, et lui avec moi.*

Répondez tout de suite avec un saint empressement :

« — *J'entends la voix de mon Bien-Aimé qui frappe à la porte : — Ouvrez-moi, dit-il, ma sœur, ma colombe, ma parfaite amie !* »

Ne dites pas :

« — *J'ai quitté ma robe, comment la revêtirai-je ? J'ai lavé mes pieds, comment pourrai-je les salir ?*

Ne tardez pas un instant à vous lever, ouvrez-lui la porte vite ; car il pourrait passer outre, si vous tardiez trop longtemps. Et dans votre affliction, vous vous écrieriez :

« — *J'ai ouvert la porte à mon Bien-Aimé, mais il était déjà parti !*

Pourquoi fermer la porte de votre cœur ?

Ouvrez-la à Jésus-Christ votre époux !

Daniel, pour prier, se retirait dans le haut de sa

maison, il ouvrait ses fenêtres du côté de Jérusalem. Ouvrez de même les vôtres pour laisser pénétrer la lumière dans votre chambre et pour voir la Cité du Seigneur !

C'est ainsi que du coin obscur de leur cellule tant de saints et de vierges ont vu se révéler à leur esprit les visions sublimes de l'autre vie.

Ne pas aimer sa cellule est une tentation.

La religieuse doit imiter le plus possible la Vierge que l'Ange trouva seule dans sa chambre, et qui fut troublée à son arrivée, peut-être parce qu'elle voyait un homme contre sa coutume. Qu'elle suive l'exemple de celle dont il est dit : « *Cette princesse est au dedans toute éclatante de gloire.* »

Blessée d'un de ces précieux traits que lance le divin amour, qu'elle dise avec l'Époux : — « *Le Roi m'a fait entrer dans son appartement.* »

Qu'elle ne sorte jamais, de crainte que, rencontrant ceux qui parcourent la ville, ils ne viennent à la frapper, à la dépouiller, à l'abandonner, nageant dans son sang.

Qu'elle réponde au contraire, si l'on vient frapper à sa porte :

« — *Je suis une muraille, ma vertu est une tour ; j'ai lavé mes pieds, je ne puis me résoudre à les salir.*

Ne rien aimer, c'est difficile ; il y a nécessité pour le cœur humain de s'attacher à un objet quelconque : l'amour spirituel bannit de nos cœurs l'amour matériel ; les désirs de l'un étouffent ceux de l'autre, et celui-là s'accroît au détriment de celui-ci. Dites souvent sur votre lit :

« — *J'ai cherché mon Bien-Aimé durant toute la nuit.* »

Saint Paul ajoutait :

« — *Faites donc mourir les membres terrestres qui sont en vous.* »

Aussi, le même apôtre s'écriait-il avec confiance :

« — *Je vis, ou plutôt, ce n'est plus moi qui vis, c'est Jésus-Christ qui vit en moi.* »

Quand on mortifie son corps, et qu'on voit le siècle présent comme une ombre fugitive, craint-on de dire :

« *Je suis devenu comme un vase fait de peau exposé à la gelée.* »

Comme la cigale, toutes les nuits arrosez votre lit de vos larmes ; veillez comme le passereau sur un toit isolé ; chantez de cœur et d'esprit :

« *Mon âme, bénissez le Seigneur, et n'oubliez jamais ses bienfaits, puisque c'est lui qui vous pardonne toutes vos iniquités, qui vous guérit de tous vos maux, et qui rachète votre vie de la mort !* »

Ces préceptes sacrés, cet amour de la solitude, cette préférence pour la cellule où accourt le Bien-Aimé, éclate dans les œuvres de tous les saints, enflamme leurs pages les plus sublimes et élève notre cœur, malgré ses lâches attachements, vers la Cité céleste qu'ils promettaient aux amants de la solitude.

Quoi de plus beau que ce passage de saint Éphraïm :

« Lève-toi, Éphraïm, et nourris-toi de pensées. » Je

répondis dans un grand trouble : — « Où faut-il les prendre, Seigneur ? » Dieu me dit : — « Vois dans ma maison, un vase d'or te présentera cet aliment. »

« Émerveillé de ces paroles, je me suis levé, j'ai gagné le Temple du Très-Haut, et comme parvenu doucement au péristyle, je penchais la tête sous les propylées, j'ai aperçu dans le sanctuaire un *vase d'élection* qui brillait au-devant du troupeau, et, orné de saintes maximes, attirait tous les regards. J'ai vu le Temple pénétré de cet esprit divin, et tout rempli de compassion pour la veuve de l'orphelin. J'ai vu le flot de larmes et le pasteur élevant à Dieu, sur les ailes de l'Esprit-Saint, ses prières pour nous ! »

Voilà les claires visions de la solitude qui peuplent la cellule de la religieuse, celle du moine, et nous dirions relativement, celle de tout être qui se sépare du siècle pour embrasser, autant que sa situation le lui permet, la solitude en compagnie de Jésus.

Est-il donc une solitude avec lui ! Écoutez le *Te Deum* des saints éclatant dans la cellule du monastère :

« Heureux qui mène une vie solitaire, et qui, loin des hommes attachés à la terre que foulent leurs pas, élève à Dieu son âme.

« Heureux encore qui, mêlé à la multitude ne se laisse pas ravir au même tourbillon qu'elle, mais donne à Dieu tout son cœur !

« Heureux qui, au prix de tous les biens abandonnés acquiert Jésus-Christ, et porte haut la croix, son seul héritage.

« Heureux qui, maître de possessions légitimes peut tendre aux indigents une main secourable!

« Heureux la vie chaste qui, se dépouillant de la chair, s'approche de la divine pureté! »

Quelle éloquence dans ces *béatitudes* de l'isolement, du renoncement, de la pénitence!

XLI

Stylite continuait à écrire...

Tout ce qu'elle faisait était empreint d'une piété ardente, mystique, à laquelle la forme lyrique donnait un élan particulier.

Ceux qui n'ont point connu les joies de la vie en Dieu pourront composer des livres plus faits, plus retentissants, ils ne feront pas plus vibrer la corde intime qui résonnait avec une douceur étrange dans les poésies de Stylite.

Quand elle disparut du monde, on en trouva d'énormes cahiers dans un tiroir, nous n'en extrairons que des fragments capables de mieux faire apprécier cette âme d'élite, ce *vase d'élection* qu'aucun vice profane ne devait remplir.

I

LA SAMARITAINE.

Seigneur, donnez-moi de cette eau
Dont la source est intarissable,
Car mon âme est insatiable

De boire un breuvage nouveau.
J'ai soif! le monde possède
Que les vases d'or du festin !
Aux plaisirs qu'il donne succède
Le remords aux larmes sans fin !
Donnez, Seigneur! ma lèvre avide
S'est trempée à la coupe aride
Dont le fiel corrode les bords;
J'ai soif, et ma voix vous réclame
L'onde pure qui rend à l'âme
La paix après de longs efforts

Seigneur, je me sens attirée
Par vos parfums délicieux,
Comme une amante préférée
Qui suit son époux en tous lieux.
Pourquoi commander qu'on vous aime?
Bonté, beauté, bonheur suprême,
Notre cœur veut se fondre en vous....
Mais je le sais, notre faiblesse
Borne même notre tendresse...
C'est vous que vous aimez en nous !

Éclairez mon esprit docile,
Ravivez-le par vos attraits,
Et brisez la lampe d'argile,
Qui conduisait mes pas distraits.
J'ai soufflé la flamme étrangère ;
C'est la lampe du sanctuaire
Qui doit illuminer mon cœur,
Non! c'est vous, aurore sublime,
Qui brillerez de cîme en cîme
Jusqu'à l'éternelle splendeur.

Prenez ma volonté rebelle,
Assouplissez-la sans efforts,
A la règle sainte, éternelle
Qui doit seule dicter mon sort.
S'il reste en moi de vains symboles,
Ébranlez ces temples d'idoles,
Brisez, consumez tout en moi,
Et sur ces ruines païennes

Germeront les vertus chrétiennes :
L'amour, l'espérance et la foi !

Alors, mon Dieu, je serai forte
Pour vous servir et pour marcher ;
J'aurai la foi qui vous transporte
Et fait jaillir l'eau du rocher,
Je tremperai dans cette eau sainte
Ma plume qui trace sans crainte
Les mots des livres éternels ;
Ma harpe aux nobles symphonies
Ne dira ces notes bénies
Qu'aux saints degrés de vos autels.

Donnez-moi la charité tendre
Qui se répand sans s'appauvrir,
Que ma faible voix fasse entendre
Des chants qui vous feront chérir ;
Comme une huile au baume céleste
Je veux qu'en mon âme elle reste
Afin de la mieux transformer,
Je veux croire, je veux convaincre,
Je veux triompher, je veux vaincre,
Mais surtout je veux vous aimer !

Versez-moi ce nouveau baptême,
Donnez-moi le charbon de feu,
O Sauveur ! au père que j'aime !
Mon principe, ma fin, mon Dieu !
C'est en vous que mon cœur se noie,
Au sein d'une indicible joie,
Vers vous qu'il gravite sans peur ;
Dans mes visions les plus belles,
J'ai vu les portes éternelles,
Ouvrez ! ouvrez-les pour mon cœur !

Mais, quand auprès de vous, mon âme
Vole sur l'aile de l'amour,
L'impuissance éteint cette flamme,
La sombre nuit succède au jour.
J'ai cru vous saisir, vous connaître,

Et lorsque ce feu me pénètre
Le froid du tombeau me saisit...
Vous fuyez et je vous appelle
Vous fuyez et je n'ai pas d'aile,
O mon amour ! ô Jésus-Christ !

Vous m'attirez toujours, sans cesse !
Et lorsque je crois concevoir
L'abîme de votre tendresse,
Tout échappe à mon désespoir.
Je pressens la grâce divine,
Mon âme ardente la devine,
Mais là se borne mon bonheur ;
Oh ! rien qu'à la goutte échappée,
Dont ma lèvre est encor trempée,
J'ai cru désaltérer mon cœur !

Le silence est votre louange,
Seigneur ! j'adore et je me tais.
Vierges, élus, saintes phalanges,
Chantez, exaltez ces bienfaits.
Je dois me perdre en lui, me plaire,
Et m'abîmer dans le mystère
De sa présence que je sens...
C'est le silence de la grâce ;
Sur moi le souffle de Dieu passe ;
Parlez mon cœur ! — Cessez mes chants !

II

SOUVENIRS D'ENFANCE.

Quand mon âme est en deuil je retourne toujours
Vers mes jours printaniers, les plus beaux de mes jours.

1

J'habitais un couvent, asile solitaire
Qui dominait la plaine et l'étroite rivière ;
Vaste enclos, qu'entouraient d'énormes marronniers,
Que cernaient les massifs touffus des ébéniers,

Où le matin, pinsons, linots, bouvreuils, mésanges,
S'éveillaient en chantant des hymnes de louanges.
Jamais troènes blancs ni jasmins espagnols
N'ont caché tant de nids et tant de rossignols.
Autour du grand jardin, c'étaient partout des haies
Ou roses de leurs fleurs, ou rouges de leurs bais;
L'arbousier aux fruits d'or, le lierre aux grains de jais,
Le sorbier de corail réunis en bosquets;
Une vigne, au midi couvrait toute la pente
Du côteau qu'arrosait un filet d'eau courante.
Puis s'étendaient des prés où les foins odorants
Cachaient la violette et les jaunes safrans;
Des bois où l'on cueillait pour l'autel de Marie
Le muguet, la pervenche et la mauve fleurie;
De frais tapis de mousse où, s'asseyant en rond,
On chantait des noëls de Saint-Pol-de-Léon.
Des ifs où tous les ans, sous un ombrage austère,
Lorsque l'ange de mai rappelait la prière,
On dressait un autel, champêtre reposoir
Où toutes, sur deux rangs, nous nous rendions le soir.
Offrir nos jeunes cœurs à la reine des vierges,
Je vois, après dix ans s'allumer tous nos cierges,
Les voiles ondoyer sous la brise, et nos yeux
Regarder tour à tour la madone et les cieux.
J'entends des voix d'enfants, suaves, angéliques,
Redire en chœur les mots pieux des saints cantiques.
Les fleurs des acacias pleuvaient autour de nous;
Nous prions longuement, à voix basse, à genoux;
Le cœur gonflé de joie, et le front ceint de roses
On eut dit à nous voir dans ces naïves poses,
Des anges que le Christ au monde envoie un jour
Pour enseigner les lois de son divin amour.
Qui rendra ces bonheurs, ces chants, ces litanies,
Semant au fond des bois leurs syllabes bénies!
Et les petits oiseaux sur le bord de leurs nids,
Pour saluer Jésus, poussaient de joyeux cris.

L'on rentrait à la nuit, renfermant en silence
La tendre piété, la ferveur, l'innocence,
Dans ce cloître, frôlant les plis d'un voile noir
Nous passions doucement pour aller au dortoir;

Et dans nos lits ornés de blanches draperies,
Sous les yeux maternels de gardiennes chéries,
Graves, et récitant le *Veni creator*,
Nons sanctifiions l'heure où notre esprit s'endort.
Ainsi que des enfants enveloppés de langes,
Nos mères nous baisaient sur le front, et les anges
Aux pieds de nos berceaux s'asseyaient jusqu'au jour,
Berçant notre sommeil avec des mots d'amour.
L'eau lustrale mouillait nos doigts; — une veilleuse
Jetait autour de nous une lueur douteuse,
Comme un astre voilé d'un nuage. — En nos mains,
D'un chapelet d'argent nous repassions les grains
Sur notre sein dormait le pieux scapulaire ;
Le sommeil éteignait nos voix dans la prière,
Et calmes, dans la paix que verse le Seigneur,
Nous dormions en croisant nos bras sur notre cœur.

II

Et vous que, jusqu'ici ma voix n'a point nommée,
Fleurs des doux souvenirs en mon âme enfermée ;
Vous que de loin, mon cœur appelle vainement,
Qui m'avez enseigné la science en m'aimant ;
Qui seule, avez formé ma jeunesse inquiète,
Qui m'avez faite ensemble et chrétienne et poëte.
Quand, dans votre cellule, assise à vos genoux,
Vous me parliez le soir avec des mots si doux...
Oh! votre nom toujours fait tressaillir mon âme!
L'enfant revit encore aujourd'hui dans la femme.
Lorsqu'au pied de l'autel je répands ma ferveur,
Vous êtes près de moi! — Sur les pieds du Sauveur,
Si je colle ma lèvre en priant à voix basse,
Vous baignez de vos pleurs cette croix que j'embrasse...
Au chœur, c'est votre accent qui vibre, chaque fois
Que dans la psalmodie on chante à demi-voix,
C'est vous, partout, toujours! — Ma jeunesse bénie,
Se lève à votre nom, riante et rajeunie !

III

Voulez-vous la connaître? — Elle avait de grands yeux,

Ceux des anges ne sont ni plus doux ni plus bleus.
Ses cheveux blonds, cachés sous un bandeau de toile,
Dénoués, dépassaient la longueur de son voile.
Sa taille haute, frêle ainsi qu'un peuplier,
Au moindre vent du cœur semblait prête à plier.
Sa bouche était sereine et son sourire grave,
Son accent était doux, et son timbre suave,
Son cœur, que l'Esprit-Saint animait de son feu,
La rendait éloquente en nous parlant de Dieu,
Et reflétait parfois sur son pâle visage,
De la béatitude une céleste image.
Quand auprès de l'autel je la trouvais, — souvent
Moi, je la regardais sans prier ; — et rêvant
Aux saintes qu'on nous dit avoir gardé l'empreinte
Du dard d'un séraphin, de la passion sainte,
Dans mon âme d'enfant, entre l'homme et le ciel
Elle était le lien, sur l'échelon mortel.

Pour la voir un instant passer et disparaître,
J'aurais, durant le jour, penchée à la fenêtre,
Epié le chemin entre les prés fleuris
Où je savais trouver ses sentiers favoris,
C'était moi qui portais les cahiers dans sa chambre ;
— Sans feu, même au milieu des neiges de décembre,
A sa lampe de cuivre, écrivant ou lisant,
Elle me recevait d'un regard caressant ;
Me grondait quelquefois pour paraître moins tendre
Puis étanchait les pleurs qu'elle faisait répandre ;
Et moi, tout éplorée et tout heureuse, — alors,
De son voile ma lèvre allait baiser les bords ;
J'arrachais quelques fils à son cordon de laine ;
Je partais recueillie et l'âme plus sereine,
Mes compagnes disaient : — Savez-vous ce qu'elle a ?
Et je montrais mon cœur : le secret dormait là...

IV

Le Dante, dans les chants triste du Purgatoire,
Dit qu'un ange du ciel revêtu d'une gloire,
Effaça de son front les signes du péché,

Lorsque ma mère avait béni mon front penché,
Comme Dante, j'étais tout à coup transformée,
Et, d'un amour ardent me sentant consumée,
Je disais ; — une place à l'ombre du saint lieu,
Une robe de bure, un voile, et puis un vœu !

V

Lorsque l'on entreprend une course lointaine,
On aime à s'arrêter au bord d'une fontaine
A s'asseoir sur la mousse, au pied d'un frais bouleau,
Pour écouter le bruit léger des chutes d'eau,
Que le myosotis couvre de ses fleurs bleues,
De l'espace et du temps, nous franchîmes les lieues,
L'extase nous saisit ; au fond de notre cœur
Une voix dit : — « Bénis les œuvres du Seigneur ! »
A la source du beau, l'âme se désaltère ;
On relève ses yeux attachés vers la terre,
Vers celui qui créa les prés, les bois, les fleurs,
Qui mêla les parfums et choisit les couleurs.
Dans la création, l'Éternel invisible
A l'âme du chrétien, partout se rend sensible.
La nature est un voile ; — il faut que notre main
Le soulève et pénètre un mystère divin.
Sitôt que nous l'avons entrevu, la pensée
Par la reconnaissance et l'amour embaumée
Adore dans son œuvre un Dieu puissant et doux
Qui, créant l'univers, ne l'a fait que pour nous.
On remonte vers lui par l'échelle des êtres ;
Les insectes, les fleurs, les oiseaux sont nos maîtres,
Car des enseignements sont cachés dans les nids,
Les arbres, les ruisseaux, l'abeille et les fourmis.
On s'arrête, on admire, on bénit... — Si l'on cueille
Autour d'un tronc noueux, le léger chèvrefeuille,
Qui faible, sait trouver un soutien ; — comme lui
Dans les bras du Seigneur, on place son appui.
On regarde l'oiseau, du bec lissant ses ailes,
On désire le suivre aux plaines éternelles,
En franchir les hauteurs, et l'on demande à Dieu
De nous donner l'élan des colombes de feu.

On écoute le bruit insaisissable, étrange,
Du silence des bois qu'effleure une aile d'ange ;
Vaste lyre qui vibre, et fait monter aux cieux
L'hommage des forêts, temples mystérieux,
Que Jéhovah choisit les premiers sur la terre
Pour recevoir l'encens pieux de la prière,
Sous leur ombre sacrée, hommes, reposez-vous !
Vous qui, las du chemin, tombez sur les genoux ;
La nature a des dons, des trésors sans mesure,
Elle veut enrichir vos âmes. — Forte et pure,
De son lait maternel tous ceux qu'elle a nourris
Du bien, du vrai, du beau, se relèvent épris,
Venez ! — Si vos regards sous cette voûte sombre
Ne reconnaissent pas l'astre éternel sans ombre,
L'automne accourt et fond sur les bois orgueilleux,
Les feuilles vont tomber : vous pourrez voir les cieux !

Voyageurs sans patrie, et menacés sans cesse
De perdre le bonheur, l'espoir ou la richesse,
Campés sous une tente, en un désert nouveau,
Et criant comme Agar pour avoir un peu d'eau,
Si nous voulons marcher longtemps prenons haleine,
Dans les sentiers fleuris, sous les bois dans la plaine,
Déposons le bâton, la gourde, — et, pèlerins,
Buvons l'eau du torrent dans le creux de nos mains.
Alors d'un pas léger, le cœur libre de doute,
Avec plus de vigueur, nous suivons notre route.

VI

Ainsi, dans le chemin qu'en rêvant je parcours,
A l'ombre du passé je m'arrête toujours,
Dans les lieux où mon cœur a laissé ses pénates,
Je retrouve des noms, des vestiges, des dates,
Qui m'apportent encor l'espoir et le repos ;
Je reprends mon enfance et mes premiers travaux ;
Mon âme, chrysalide où dormait l'étincelle,
Vers la vertu, vers Dieu, s'élance à tire-d'aile,
Tant de fraîche jeunesse empêche de vieillir ;
Comme une fleur des champs, je veux la cueillir...

VII

Dès que brillait l'aurore, on se levait bien vite,
Les yeux demi-fermés l'on prenait l'eau bénite,
On récitait tout haut les versets du dortoir,
Qu'au fond de ma mémoire il me semble savoir,
Puis dans les escaliers, descendant sans lumière,
Nous allions à l'église après notre prière.
Le prêtre, sur l'autel posait la coupe d'or.
La messe commençait par le *Confiteor*
Où l'âme s'humilie ; — à genoux près des stalles
Où nos mères disaient les hymnes matinales,
Les yeux baissés, le livre appuyé sur le cœur,
Les mains jointes, et l'âme unie au Rédempteur,
Nos lèvres se taisaient, dans le flot de prière
Qui s'élevait alors vers le saint sanctuaire.
Le chant du *Gloria*, la cloche du *Sanctus*,
Le moment de la Cène ou redescend Jésus ;
Et la communion, agape de mystère
Où Dieu se fait le pain des enfants de la terre,
Le souvenir des *morts*, et l'*Ite missa est*,
Qu'on entendait avec un douloureux regret ;
Ces bonheurs que le ciel nous verse à plein calice,
Qu'on ne goûte jamais hors du saint sacrifice,
Je les ai savourés, dans un coin de ce chœur
Où j'ai laissé dix ans la moitié de mon cœur...

VIII

Maintenant je connais la douleur et la joie ;
Les ronces et les fleurs ont grandi sur ma voie ;
Tour à tour devant moi, comme pour les Hébreux,
La nuée était sombre ou brillait à mes yeux.
Il est dans les plaisirs moins de miel que d'absinthe ;
J'ai vu que tout est faux, Seigneur ! hors votre crainte ;
Que tout rempli le cœur d'ennuis et de dégoûts,
Que pour être éternel, l'amour doit vivre en vous ;
Et je veux vous aimer d'un amour sans partage,
Comme je vous aimais, Seigneur ! dans mon jeune âge.

Quand mon âme est en deuil, je retourne toujours
Vers mes jours printaniers, les plus beaux de mes jours...

Stylite n'écrivait ces vers que pour elle, afin de tromper ces ennuis, afin aussi de retrouver dans la langue sonore de la poésie un écho des splendides odes que mère Sainte-Madeleine lui avait lues. Nous croyons qu'un grand nombre d'autres femmes, d'autres religieuses que cette sainte, ont caché comme elle le secret de leurs inspirations solitaires, et possédé plus de talent que tous les auteurs vantés. Elles n'ont écrit que pour Dieu leurs pages brûlantes, de même que l'encensoir ne s'ouvre que du côté du ciel.

La poésie religieuse, l'élan mystique qui la caractérise est un des côtés les plus féconds de la lyre humaine, et, avouons-le, le plus dédaigné. Quelles pages, pourtant, que celles qui sont écloses dans les couvents, toutes baignées des lueurs de l'extase, toutes humides de ces larmes dont quelques saints avaient le don précieux.

Réunir dans une œuvre complète ce qui constituerait véritablement la poésie du cloître, l'harmonie divine descendue sur la terre pour élever le langage sur les ailes du plus pur amour, ce serait, nous le croyons, forcer bien des hommes à revenir de leurs préventions.

— La foi n'inspire pas ! disent quelques-uns.

Si on leur cite le *Génie du Christianisme*, ils répondent :

— C'est une œuvre d'imagination ; mais la religion, pure et simple, ses mystères, les impressions qu'elle produit, ses espérances et ses sacrements seraient impuissants pour inspirer des poètes.

A ceci nous objecterons :

— Connaissez-vous les poésies de saint Bonaventure, celles de sainte Thérèse, celles du séraphin d'Assise?

— Non!

— Pourquoi parlez-vous donc des couleurs, ô aveugles; vous demandez de la poésie aux bois dépouillés de Cythère, aux vieilles fables de la mythologie quand le Christ du Calvaire ruisselle encore, et que la couronne d'épines rayonne sur l'autel. Vous voulez de la poésie pure, mystique, splendide et sublime, lisez!

LYRE SUR LA CONVERSION.

Par bois et rivages je vais cherchant sans cesse mon Bien-Aimé. Que mes cris plaintifs retentissent à son oreille, afin que de moi toujours il lui souvienne!

O mon espoir! ô bien de ma vie! grand Dieu éternel! Heureux fut le jour où tu frappas tendrement mon cœur et le délivras du feu de l'enfer.

Elle ne fut pas mortelle, Seigneur, la blessure que je reçus de votre main; ce fut une grâce sans mesure, un bien si souverain, que l'humaine intelligence ne saurait le saisir.

Mon âme, qui était plongée au plus profond du péché, par vous fut rachetée, et par vous fut effacé ce qui, sans vous, n'aurait pu disparaître.

Quelles grâces puis-je vous rendre, Seigneur, pour

un si haut bienfait? Sinon, vous glorifier, vous faisant offrande de mon âme en sacrifice perpétuel.

A LA VIERGE MARIE.

Vierge plus éclatante que le soleil, source d'éternelle vie, lumière qui obscurcit l'Orient, calme dans la tempête, étoile qui guide ma course, port de l'âme affligée, ancre où s'attache mon espoir ; aujourd'hui, par ton intervention efficace, ton esclave blessé prend la mer.

Le cœur navré il fuit en pleurs la tempête furieuse, qu'ébranle sur la terre tant d'âmes hautaines, dont la volonté préfère endurer tous les affronts, plutôt que d'échanger contre une vie heureuse, ambition et intérêts, et les malheureux ne voient point les chaînes où ils sont rivés.

Mais toi, Reine miséricordieuse du ciel, tu n'oublias jamais le passé d'une vie religieuse, et dans la plus cruelle tourmente, tu comfortas le cœur blessé, tu essuyas mes pleurs, et l'âme oppressée reprit haleine. Ainsi tu changeas en printemps l'ardente chaleur du soleil.

Et mes yeux, inondés de clarté, s'éblouirent devant l'illusion où marchent ceux qui gouvernent au faîte du monde, qu'ils adorent. Ils voient clairement qu'ils s'abusent, et ils continuent de marcher à leur perte, non sans déplorer publiquement leur erreur, célébrant en vers le fleuve, les champs, l'univers, le soleil, la source, l'ombreux vallon.

AU CHRIST CRUCIFIÉ.

Innocent agneau baigné dans ton sang, avec lequel tu effaces les péchés du monde, suspendu à cet arbre robuste, les bras ouverts, et désireux de m'embrasser, puisque tu laisses humblement se flétrir les couleurs et la beauté de ce divin visage déjà tout près de la mort, avant que l'âme souveraine et pure s'envole, pour me sauver, tourne vers moi tes doux yeux et me regarde.

Puisque l'immense amour, par un suprême effort, rompt les voiles de cette grandeur, attaché avec une douleur intense à ce tronc, tu penches vers ta mère la tête couronnée d'épines ; et, puisque de ton cœur royal s'exhale ta voix pour implorer de la toute-puissance de ton Père le pardon des fautes et des forfaits, qu'il te souvienne, Seigneur, de mes péchés !

Ici, où tes mains ouvertes par les clous, montrent tes libéralités et tes largesses ; ici, où tu m'offres mon rachat ; ici, où tu rachètes les captifs, répandant de toutes parts la miséricorde, ton cœur ne restant satisfait dans sa générosité tant que le corps n'est pas épuisé de sang ; ici, ô Rédempteur ! je veux comparaître en jugement, moi le premier.

Ici, je veux que tu contemples un pécheur enseveli dans la noire prison de ses erreurs ; car je ne crains point que tu t'irrites en te croyant offensé, puisque tu plaides pour les pécheurs ; car les grandes fautes ont celles qui font paraître davantage la noblesse de ton cœur sacré; car la réparation de ses fautes, en te coûtant plus de sang, réjouit davantage ta clémence.

Bien que le lourd fardeau de ma faute m'accable, et fasse courber mon faible cou (qui secoua, hélas! ton joug léger, et s'assujettit à un joug nouveau); bien que je foule péniblement le sol de mes pas pesants, j'espère encore te rejoindre; car, puisque pour mon bien, tes pieds sont encloués sur ce tronc robuste, je suis assuré que tu ne pourras me fuir.

Je suis certain, mon Dieu, que mon bon désir trouvera un port en ta clémence. J'ai confiance en ce cœur que je vois maintenant à jour par les fenêtres de ce cœur ouvert; cœur mis à nu de telle sorte, qu'un voleur, les mains liées, seul avec toi, en deux mots seulement te l'a dérobé; et si nous attendons encore, un aveugle mettra bientôt la main dessus.

Je suis arrivé en temps propice, au moment où tu fais la répartition de tes biens, par un nouveau testament. Si tu nous as légué ce que tu possèdes, moi aussi, je me présente à tes yeux. Et quand, en un seul instant tu lègues à la mère un fils, au disciple une mère, au père l'esprit, et au larron la gloire, comment serais-je assez malheureux pour rester seul dépourvu au milieu de tant de legs?

Vois, je suis un fils que tu peux justement deshériter à cause de sa désobéissance; mais ta clémence a dit qu'il trouverait le pardon, si je revenais me présenter à toi. Je veux ici m'attacher au pied de ce lit où tu expires. Que si, docile à ma prière, tu entends, la voix lamentable qui t'invoque, j'espère une grande fortune, car étant fils, je reste héritier.

Je prends à témoin tous ceux qui te regardent, que tu inclines la tête, en signe d'accord à ma demande, ainsi que je l'attendis toujours de ta libéralité. O admirable grandeur ! Charité vraie ! C'est une chose certaine, que tant que le testateur n'est pas mort, le testament n'a point toute sa force ; mais tu es si généreux que tu meurs pour que tout soit accompli.

A mon chant ! il faut s'arrêter ici. Les larmes suppléeront à ce qui te reste à dire, comme il convient, en une fâcheuse circonstance ; car les chants ne sont point de saison, quand la terre, le soleil et le ciel se lamentent.

L'ASCENSION.

Eh quoi ! saint Pasteur, tu abandonnes ton troupeau dans cette vallée sombre et profonde, à la solitude et aux larmes, tandis que, fendant l'air transparent, tu remontes à l'éternel séjour.

Bienheureux, naguère, et maintenant tristes et affligés, ceux qui furent nourris sur ton sein, privés de toi, de quel côté tourneront-ils leur sens ?

Les yeux de ton visage contemplèrent la beauté, que regarderont-ils qui ne leur soit déplaisant ? Quand on a entendu ta mélodie, peut-on sans dégoût prêter l'oreille ?

Et à cette mer agitée, qui donc mettra un frein ? Qui apaisera la fureur des vents irrités ? Maintenant que tu es disparu, quelle étoile guidera au port le navire?

Ah! nuée jalouse, même de cette courte joie, pourquoi te heurter? Où voles-tu si rapide? Ah! combien riche tu t'éloignes. Combien, hélas! tu nous laisses pauvres et aveugles!

Tu emportes le trésor qui, de notre vie était l'unique richesse, qui chassait les larmes, qui pour nous brillait mille fois plus éclatant que le jour pur et clair.

Quelle chaîne de diamants, (ô mon âme!) te retient et empêche que tu suives ton amant? ah! efforce-toi, et te dégages, et libre, va te placer dans la pure lumière.

Crains-tu l'issue? L'amour terrestre serait-il plus fort que l'absence de ton vouloir et de ta vie? Vivre sans corps n'est point un état violent; mais c'en est un de vivre sans le Christ et loin de lui.

Doux Seigneur et ami, doux père et frère, doux époux, à ta suite je m'engage, soit à travers les ténèbres, soit à travers la clarté de la gloire.

A NOTRE-DAME.

Le destin peut sans miséricorde briser le fil de ma vie; mais quand même le ciel courroucé redoublerait ma douleur, que je m'oublie moi-même, ô Marie, plutôt que de t'oublier!

A toi seule je m'offre, à toi je consacre tout ce qui peut m'advenir; sans toi, je n'ai ni valeur ni mérite.

Ah! tant que j'existerai, puissé-je m'oublier moi-même avant que de t'oublier!

Je te présente mon âme, et si la mer furieuse l'assaille, je te dirais avec patience, au milieu de mes plus cruelles épreuves : que je m'oublie moi-même plutôt que de t'oublier!

L'ASSOMPTION.

Vous allez au ciel, maîtresse, et l'on vous recevra avec des chants de jubilation. Ah! si je pouvais saisir votre manteau pour monter avec vous à la sainte montagne!

Emportée par les anges qui vous servent dès le berceau, couronnée d'étoiles, (jamais reine ne sera telle,) sous vos pieds est la blanche lune.

Tournez les yeux perçants, oiseau précieux, humble, unique et sans pareil, vers la vallée de ronces qui porte de telles fleurs et où gémissent les enfants d'Ève.

Que si de votre claire vue vous regardez les tristes âmes de la terre, par une propriété inouïe, vous élèverez leur essor vers le ciel, ainsi que le plus parfait aimant.

LE PÈRE CÉLESTE.

O Père immense! qui, demeurant immobile, donnes aux choses mouvement et vie, et les gouvernes si doucement! quel amour retient ta justice, lorsque mon âme, si ingrate et si hardie, t'abandonnant, toi, source de bien impérissable, avec une ardeur anxieuse dans les eaux croupissantes des citernes corrompues et infectes, se plongea en ta présence? O divine et très-haute clémence! tu ne me lanças pas tout aussitôt dans le lac profond du tourment.

Ta divine pitié me souffrit alors, et me retira de cette boue infecte, où, insensible encore à l'infection, l'âme misérable restait dans une fausse paix; jugeant si heureuse et si calme, la triste situation où elle se complait, qu'elle souhaitait seulement que la joie en fut éternelle. Mais à l'improviste souffla un vent léger de l'Esprit éternel, et un doux zéphyr, envoyé à l'âme, emporta peu à peu l'épais brouillard qui dérobait la lumière, et lui rendit un jour clair et brillant.

De son état elle vit aussitôt l'avilissement, dans lequel, gardienne d'animaux immondes, de sa vile nourriture elle ne pouvait même se rassasier : elle vit alors quel est le fruit du plaisir et de la turpitude; la confusion et des peines mortelles; et elle redouta la verge droite et inflexible, et l'aspect sévère du juge impérissable. La mort, le jugement, la gloire, le feu, l'enfer, venant chacun de son côté, de telle façon l'entourent et la pressent, que je demeurai confus et craintif, tremblant, sans trouver de repos.

Quand, revenu à moi je respirai quelque peu, de larmes arrosant mon visage et le sol, et embrasant l'air de mes soupirs : Père miséricordieux! m'écriai-je, Père saint, Père de bonté, Père de consolation, pardonnez, ô Père, tant de hardiesse. A vous j'accours, rougissant de moi-même, bien que je sente que de vous je ne mérite point d'être écouté. Mais voyez les blessures que m'ont faites mes péchés, combien ils m'ont déchiré et meurtri, et combien je suis pauvre et misérable, aveugle, lépreux, malade, infortuné.

Ouvrez vos entrailles si tendres ; recevez-moi maintenant et me pardonnez ; car c'est, ô Dieu bon ! chose si naturelle à vous, de prendre en pitié tout ce qui est vôtre, que, s'il vous plaît, Seigneur, de me châtier, ne me livrez pas à l'ennemi à droit et à tort : vengez-vous par vous-même, frappez-moi par le feu, par le fouet et la lance ; tranchez, brûlez, brisez sans retenue, tourmentez mes membres, un à un, pourvu qu'après un tel châtiment, vous recommenciez à être mon Dieu, mon doux ami.

A peine avais-je dit ainsi, qu'il ouvre les bras et me relève, et m'accorde son amour, sa grâce et la vie ; et à mes plaies appliquant le remède souverain et sacré, propre au mal qui me dévorait, il me laisse sans blessure, guéri de tous mes maux !

Ces poésies sont d'un saint ! et nous n'en connaissons pas de plus parfaites ? En pourrait-il être autrement, quand celui qui les composait les écrivait d'une main saignante des divins stygmates du Calvaire !

XLII

Il est à remarquer que, si les femmes du monde négligent ou abandonnent les couvents, les couvents eux, n'abandonnent jamais les femmes du monde.

Les saintes recluses ont pitié de leurs sœurs.

Elles comprennent qu'un jour vient où chacune d'elles a besoin de trouver une créature qui est pour elle plus qu'une amie, plus qu'une sœur, qui porte sur le front un sceau sacré, et dont l'âme est à la fois pure et compatissante. Que de confidences douloureuses ont ému les cellules d'humbles religieuses. Que de secrets de famille enfouis dans ces asiles de la paix et du silence.

Pendant sa vie, quelle que soit sa condition, la femme se trouve rapprochée de la religieuse; la paix céleste qui enveloppe celle-ci retombe sur celle-là pour la calmer. Les sages conseils, l'aide puissante, le service caché à tous, la prière qui désarme Dieu, tout se trouve là ! Aussi le répétons-nous : heureuse la femme qui peut voir, dans le lointain de ses souvenirs, se dessiner le cloître dans lequel elle passa sa jeunesse! heureuse celle qui reconnaît, sous des voiles, l'ange terrestre qui lui apprit la vertu par son regard.

Presque dans toutes les villes de province, il existe une communauté qui, une fois par semaine, réunit les femmes du monde, les jeunes filles, et occupe saintement et utilement, pendant plusieurs heures, les doigts souvent paresseux, accoutumés à caresser les touches d'un piano où à mêler quelques soies destinées à l'achèvement d'un ouvrage inutile.

Les religieuses rallient les mères chrétiennes, les jeunes filles pieuses, les belles mondaines qui vont trop au bal, et lentement, doucement, sans prêcher beaucoup, sans critiquer trop, elles les amènent à donner une journée de leur temps pour broder, coudre, achever les ornements destinés aux pauvres églises de campagne. C'est tout un apprentissage à faire : le bougran semble dur aux doigts délicats, la taille se fatigue quand elle demeure penchée sur un métier à broder; il est difficile de coudre un galon de soie; les piqûres des corporaux demandent trop d'attention; on se plaint un peu, on s'excuse beaucoup, on demande des conseils. Le premier jour, ce travail semble ennuyeux, monotone et difficile à celles qui ne sont pas mues par un véritable esprit de piété; mais les semaines suivantes, elles s'accoutument à ce labeur, elles songent qu'elles vont rencontrer dans cette réunion des femmes de la meilleure compagnie, et elles y vont toutes, les unes par genre, les autres par goût.

Les sérieuses se rapprochent des frivoles.

Une douce fraternité règne dans ces groupes.

On parle des volumes qu'on a lus, des romans que l'on préfère, de la vie de campagne, de la religion et des journaux. A un moment de la journée, tandis que les aiguilles des ouvrières coulent laborieusement sur l'étoffe, une des travailleuses ouvre un livre et commence une lecture. Elle ramène tout doucement l'esprit vers les questions les plus hautes de la société, de la religion et de la morale. Cette lecture rafraîchit l'âme de celles qui ne sont pas habituées à puiser à cette source pure. Puis, lentement, le travail de la pensée chrétienne se fait dans l'âme ; l'exemple de la modestie est contagieux, la ferveur se communique comme un incendie. Ce que l'on supportait dans le commencement, on en vient à le désirer avec ardeur. Sans doute le travail se fait, mais le plus merveilleux de tous s'achève dans le cœur que Dieu visite.

Telle jeune femme, qui ne songeait qu'à la parure, envoie un jour ses plus belles robes pour qu'on les convertisse en ornements d'église, cette toilette de soie blanche, mise une seule fois, deviendra un ornement pour les fêtes de la Vierge ; celle-ci en velours noir figurera en chasuble pour un office du jour des morts. Ces volants de dentelle garniront des aubes et des nappes d'autel. Ce qui fut profane devient sacré, l'intention pure change ces parures et fait de leur métamorphose un mérite devant Dieu. Rien n'est plus sain, plus utile, plus doux, pour les femmes du monde, que de prendre sur leur semaine une journée de recueillement, de silence relatif et de travail. Les religieuses, qui sont femmes, ont compris toutes ces nuances ; par ce moyen, elles continuent leur rôle d'ange gardien de la famille. Ne peut-il pas arriver que l'on confie plus aisément une pensée secrète, douloureuse, et qui menace de devenir un remords, à une femme qui joint à l'exquise délicatesse de sentiment qui est particulière à son sexe, l'autorité de la vertu, et la dignité de ses vœux. Ah! que les femmes, que les jeunes filles qui le peuvent, se rapprochent par ce moyen du couvent où elles furent élevées. Il est une atmosphère mondaine dans laquelle on ne saurait vivre, qu'à la condition d'ouvrir souvent toutes grandes les ailes de son cœur, pour retourner vers le ciel.

Les couvents seront partout et toujours le berceau, le lien, le refuge de la société des femmes chrétiennes.

Dans la petite ville de province qu'habitait madame de Lendeven, existait un couvent cher à toutes les familles pieuses.

La religieuse qui le dirigeait, sœur des Cinq-Plaies, était une femme d'un grand esprit, d'une raison sage, d'une piété éclairée bien qu'austère. Un peu plus, elle aurait eu du génie.

C'était une Jacqueline Pascal, adoucie par une plus grande tendresse de piété, et gardée plus naïve en raison du milieu dans lequel elle avait vécu.

Quand elle arriva au couvent, la règle, sans être relâchée était observée sans beaucoup de ferveur, le pensionnat diminuait; le couvent ressemblait à un îlot à demi désert perdu dans un océan. Elle entreprit de faire refleurir l'esprit de la fondatrice; elle attira les enfants, releva le niveau des études, en dirigea quelques-unes, adjoignit un grand nombre de professeurs à sa maison, multiplia pour les élèves les plaisirs, les distractions, les fêtes de famille. Les jardins s'embellirent, des salles de gymnastique furent préparées, on joua les tragédies de Racine; rien ne fut épargné, et ces visibles améliorations doublèrent en trois années le nombre des élèves.

Ce n'était pas tout.

Former des enfants, c'est semer pour l'avenir: rassembler les mères, c'est donner une vie active et nouvelle à la société, resserrer les liens catholiques et concourir à la paix des ménages.

La vie chrétienne, menace parfois de sembler uniforme à certaines natures.

Elles s'accoutument alors à une vertu somnolente, sans expansion et sans œuvres, vertu négative, existence dans laquelle le vice ne montre jamais sa laideur, mais qui n'est jamais subitement éclairée par de grands rayonnements de ferveur ou de sacrifice.

Les fêtes raniment un peu cette langueur, mais l'âme elle-même finit par s'y accoutumer.

On a recours aux retraites, moyen excellent et actif, qui réveille, excite, enlève.

Jadis, nous avions les missions.

On croyait alors revenir aux temps primitifs du catholicisme.

Les villes, les campagnes se levaient à la voix d'un homme de Dieu.

Les églises ne suffisaient plus pour contenir la multitude des fidèles ; il fallait les places publiques, les cimetières, les champs.

Aujourd'hui, les retraites ont remplacé ces grands mouvements religieux, que nous regrettons, parce qu'ils permettaient de voir combien est vivace la fibre catholique dans le cœur du peuple.

Nous nous attiédissons si vite ; si vite nous nous laissons engourdir par la coutume que, pour ne pas devenir tièdes, nous devons recourir à tout ce qui réveille en nous d'une façon puissante le sentiment religieux.

Les associations pour l'*œuvre des pauvres églises*, celles qui ont pour but de confectionner des layettes, tout ce qui a une destination sainte, qu'elle se rapporte à l'autel ou aux pauvres, est excellent pour garder les femmes dans un milieu sain pour leur âme.

Elles sont faciles à entraîner, faciles à séduire.

La faiblesse est inhérente à leur nature.

La force ne se trouve qu'en Dieu.

Quelques âmes savent chercher et trouver Dieu sans guide, par le fait unique de leur aspiration, de leur volonté, de leur tendresse ; les autres ont besoin d'être prises par la main et conduites à lui.

Il en est, en outre, qui n'ont pas été élevées dans des maisons religieuses.

Les unes ont reçu l'éducation hâtive des pensionnats parisiens, qui font prématurément des petites femmes des enfants qui leur sont confiées. Elles savent déchiffrer un morceau de musique, mais elles sont incapables de suivre l'office dans leur paroissien.

Avoir de la religion, signifie, pour elles, assister le dimanche, en grande toilette, à une messe qui se célèbre à une heure, réciter quelques prières, faire maigre le vendredi, obtenir une dispense afin de supprimer le carême, s'approcher des Sacrements à Pâques. L'intimité de l'âme avec Dieu leur semble impossible; le sentiment perpétuel de sa présence dominant la haute région de notre pensée, et nous permettant néanmoins de vaquer à nos travaux et de remplir nos devoirs, leur paraît le dernier degré de la perfection religieuse, et elles avouent ne point aspirer à devenir des saintes. La moindre place dans le ciel leur semble suffisante. Elles ne réfléchissent point que, si *le royaume du ciel souffre violence*, la place la plus humble est déjà bien difficile à mériter. Celui qui ne vise point plus haut que le but le manque. Quand le zèle de la maison de Dieu ne nous dévore point, le Christ doit détourner de nous ses yeux, car il est un *Dieu jaloux*. Sa religion n'est point une réunion de pratiques, une suite de préceptes, mais un attrait puissant, absolu, qui nous attire vers lui, et qui, en raison de sa bonté ineffable, le rapproche de nous. Cette religion de tendresse, basée sur l'amour, la reconnaissance, n'est jamais inoculée dans les âmes quand elle ne tombe point de lèvres consacrées par l'habitude de la sainte parole.

La religion polie, superficielle, de coutume, sera bien portée comme une parure de l'esprit, comme une grâce nouvelle, une modestie charmante, elle ne donnera jamais de grandes garanties d'avenir.

Une jeune fille qui n'a pas goûté Dieu dans le sens le plus complet de ce mot pourra demeurer une honnête femme, mais nous n'oserons jamais en répondre.

Pour celles-là, que les piéges du monde environnent, à qui toutes les tentations soufflent de mauvais conseils à l'oreille, qui ont lu beaucoup de livres, feuilleté tous les romans, respiré cet esprit du jour qui monte au cerveau et le trouble, combien n'est-il pas précieux de se dire :

— Parmi les femmes que je vois, quelques-unes se disent mes amies, et je sens qu'elles seraient prêtes à me déchirer. La jalousie les dévore. Elles détestent la fortune des autres, la beauté des autres, les succès des autres! Si une peine m'accable, je ne puis la confier à aucune d'elles, je serais sûre de la voir se réjouir; mais dans une maison silencieuse, dont je n'ose franchir souvent le seuil, j'ai des amies inconnues, des sœurs en Dieu, des anges gardiens qui me laisseront pleurer et ne me feront aucune question si je ne le désire. Dieu me les donne pour m'aider. Je n'ai besoin que de leur dire : Je souffre! priez pour moi, elles prieront. Dans la nuit, les bras étendus en croix, prosternées, elles demanderont la paix et le repos pour mon âme. Leurs avis sont désintéressés, elles ne sont plus du monde, le monde n'a rien à leur donner ! Leur but unique est de gagner à Dieu des âmes ! Dieu, principe et fin de l'âme humaine, ne permet pas qu'elle se trouve heureuse loin de lui. Quiconque cherche le bonheur sans le demander à Dieu est sûr de prendre une ombre indigne pour la lumière céleste qu'il cherchait. N'est-ce point une grande miséricorde à lui de ne point vouloir que nous dénaturions ses vues célestes sur notre destinée en ce monde, qui prépare notre vie future !

Toutes les hésitations, toutes les faiblesses, tout ce qui entrave le droit chemin, tout ce qui obscurcit la vraie lumière tombe devant les enseignements du cloître.

Qu'un couvent rassemble les femmes du monde, une fois seulement par semaine, et l'esprit de la société se renouvellera.

Les réunions de sœur des Cinq-Plaies étaient fort goûtées et très-suivies.

Elles s'ouvraient d'habitude par le chant d'un morceau religieux. On se mettait ensuite au travail. Parfois on faisait une lecture dans un beau et bon livre, ou bien l'on causait.

Sœur des Cinq-Plaies encourageait quelques-unes de ses fidèles travailleuses, raillait finement les autres, critiquait l'abus de la toilette qui entraîne si souvent le manque de goût, et finissait toujours par obtenir, de la plus coquette de ses ouvrières, la promesse d'une robe ou le sacrifice d'une dentelle.

Stylite assistait à ses réunions.

Madame de Lendeven ne s'y opposait pas parce qu'il était de bon ton de s'y rendre, et que les jeunes filles de son âge y allaient régulièrement.

Au fond, elle souffrait beaucoup de l'y envoyer.

Tout ce qui rappelait à Stylite le couvent dans lequel elle avait été élevée, épouvantait madame de Lendeven.

Il fallait une puissante raison de convenance et d'amour-propre pour qu'elle n'interdit point à Stylite ces assemblées qui la recomfortaient, la retrempaient, la consolaient.

Sœur des Cinq-Plaies l'aimait comme l'avait aimée mère Sainte-Madeleine, comme devaient l'aimer tous ceux qui seraient à même d'étudier et d'approfondir cette nature élevée, généreuse, enthousiaste. La religieuse ne tarda pas à voir que le sourire de Stylite devait souvent cacher des larmes; elle lui témoigna une sympathie profonde qui n'eut pas besoin de paroles pour s'exprimer. La jeune fille sentait que le jour où elle aurait à demander un grave conseil, elle le trouverait dans la cellule de la sœur.

Elle ne pouvait avoir avec elle aucun épanchement intime, car elle ne la voyait qu'en présence de tous les membres de l'association, et c'est ce qui rassurait un peu madame de Lendeven.

Du reste, Stylite affectait devant sa mère de ne jamais prononcer les mots de vocation, cloître, maison religieuse; quand on traitait ces sujets devant elle, c'était pour les railler, et elle pleurait dans l'ombre, en silence, se disant tout bas : Plus tard! plus tard!

Mais bien qu'elle n'usât pas de l'amitié que lui témoignait sœur des Cinq-Plaies, elle attendait toujours le jeudi avec impatience; la vue seule d'un habit religieux lui faisait si vite battre le cœur!

Le temps passait.

Stylite menait la même vie uniforme.

Elle brodait, faisait de la musique, peignait, priait au-dedans d'elle-même, copiait les pensums de son frère, et peu à peu rentrait dans l'ombre du foyer. Cendrillon morale, elle demeurait dans ses tristesses rêveuses, poursuivait ses études, cachait le meilleur de son esprit et de son cœur à ceux qui ne l'auraient pas comprise; et, rentrée dans sa petite chambre, elle couvrait de baisers les brins de laine arrachés au voile et au cordon de mère Sainte-Madeleine.

Qu'était-elle devenue?

Stylite n'en savait rien.

Sa mère lui avait défendu d'écrire, elle n'avait pas écrit...

Le mot *devoir* renfermait pour elle tous les sacrifices; le plus rude qu'elle pût accomplir était celui-là, elle s'y était résignée...

La grande chose que la croix acceptée! le grand mot que le *fiat voluntuas tua* dit avec le cœur brisé et les yeux pleins de larmes...

Stylite n'était qu'à la première marche de son calvaire...

Elle devait le gravir jusqu'au bout.

XLIII

La somme obtenue de son cousin par madame de Lendeven était assez considérable; l'époque du remboursement était rapprochée; il avait fallu accepter ces conditions dans le premier moment, mais quand le père et la mère de Stylite y songeaient, ils n'étaient pas sans inquiétude.

Des économies ne pouvaient combler cette brèche faite à une fortune modeste.

Il faudrait nécessairement emprunter ailleurs pour désintéresser le cousin, chef de bureau au ministère des finances. A qui emprunter? Les propriétés de madame de Lendeven avaient été vendues pour réunir le cautionnement nécessaire; on ne pouvait donc offrir d'hypothèque. Le temps marchait rapidement. Comment réglerait-on cette affaire.

A Paris, les huissiers sont à peu près des gens comme tout le monde; en province, on se croit déshonoré quand ils franchissent le seuil d'une maison.

Le papier timbré semble un opprobre irréparable.

M. de Lendeven s'adressa à quelques amis, timidement, car il avait la pudeur de la souffrance. On ne lui refusa pas, mais on ne promit rien.

Sur ces entrefaites, le cousin mourut.

On ne pouvait rien attendre des créanciers.

Ce fut un véritable coup de foudre dans la famille de Lendeven.

La mère de Stylite n'héritait point de ce cousin, qui avait une sœur mariée, mère de plusieurs enfants, et ne pouvait manquer de réclamer intégralement ce qui lui revenait de la succession de son frère.

Un matin, un riche propriétaire des environs, nommé M. Sauvage, se présenta dans le bureau de M. de Lendeven.

M. Sauvage était un homme de trente ans, grand, robuste, roux, chasseur à la façon de Nemrod, franc d'allure, dépourvu de toute aspiration élevée, vivant entre sa meute et les chevaux de son écurie, habitant un château restauré maladroitement, mais dans lequel on menait large vie. Ses équipages de chasse étaient cités, sa probité reconnue. Les hommes lui serraient la main avec plaisir. Les femmes lui trouvaient un peu l'aspect de son nom.

Son père l'avait élevé sévèrement ; ses études, ébauchées, ne s'étaient point continuées plus tard. Il ne croyait nullement nécessaire qu'un propriétaire campagnard de sa sorte comprît le latin et déchiffrât le grec. Il était maire de sa commune, très-dévoué à ses administrés, grand organisateur de comices, éleveur distingué, beau parleur en fait de drainage et de culture.

M. de Lendeven l'avait vu pour la première fois, à la préfecture, il y avait trois jours.

— Monsieur, dit rudement le jeune homme, vous connaissez mon nom, il n'est pas aristocratique, mais rien ne l'entache ; j'ai vingt mille francs de rente, ce qui suffit en province pour mener un train de maison honorable. Je sais dans quelle situation vous vous trouvez...

— Monsieur ! dit le père de Stylite en se levant.

— Croyez bien qu'il n'entre nullement dans mes intentions de vous désobliger, au contraire, veuillez m'écouter...

— Parlez, monsieur...

— Le jeune commis qui vous a indignement volé a diminué votre fortune... Vous avez contracté un emprunt... J'en connais le chiffre... Ne vous révoltez pas... ces renseignements... je les ai pris dans mon intérêt, dans le vôtre...

— Je ne m'explique pas...

— Me voulez-vous pour créancier ?

— Comment ?

— Vous rembourserez la succession du cousin de madame de Lendeven, et je déposerai la même somme dans vos mains...

— Ah ! monsieur ! un tel service, à moi que vous connaissez à peine...

— Je vous connais, monsieur, beaucoup plus que

vous ne pensez... Votre père avait déjà neuf enfants quand vous comptiez quatorze ans. Vous aviez travaillé pour vous instruire, et votre maturité précoce vous fit concevoir un plan ingénieux et hardi. Vous vous adressâtes à l'un de vos oncles, général de vingt ans qui devait mourir trop vite, et sa réponse fut une épaulette de sous-lieutenant et le titre de secrétaire. Depuis, eh! mon Dieu! comme tant d'autres, il est tombé et vous avez suivi votre voie sans regarder à droite ni à gauche, marchant devant vous fièrement dans la route de l'honneur... Vous voyez, monsieur, que je vous connais, et c'est pourqui je vous fais une offre que, tout à l'heure, vous allez trouver bien naturelle...

M. de Lendeven ne répondit pas.

— Acceptez-vous? demanda le jeune homme.

— J'accepte, monsieur.

Un instant après, le jeune homme reprit :

— J'ai vu votre fille au bal, et je l'ai trouvée charmante; je crois qu'elle est sans dot, et je m'en réjouis, voulez-vous me la donner pour femme?

— Stylite? s'écria M. de Lendeven.

— Mademoiselle Stylite, répondit le chasseur.

— Mais vous n'y songez pas, monsieur!

— Je ne songe pas à autre chose depuis trois jours.

— Ma fille est si jeune!

— Dix-neuf ans.

— Elle n'a aucune expérience du monde.

— Nous vivrons à la campagne.

— Elle est très-pieuse...

— C'est une garantie.

— Mais ce qui est un obstacle, monsieur, c'est qu'elle n'a d'autre désir que celui d'entrer au couvent.

— Il se passera.

— Je ne crois pas.

— Me refusez-vous mademoiselle Stylite ?

— Mon Dieu! mon Dieu! dit M. de Lendeven je ne puis pas la sacrifier.

— Croyez-vous que je la rendrai malheureuse ?

— Je ne dis pas cela, mais la sympathie...

— Elle viendra plus tard...

— L'affection ?

— Mademoiselle Stylite m'aimera, je vous sauve !

— Alors, c'est moi qui vends ma fille.

— Nullement, je vaux n'importe quel autre mari, pour elle; vous n'avez plus aucune inquiétude, et cette faible somme est comme oubliée au fond de sa corbeille...

— Je ne puis rien promettre, monsieur, dit M. de Lendeven en se levant.

— Vous ne repoussez pas du moins mes offres de services ?

— Si vous n'y mettez aucune condition.

— Une seule : vous me permettrez de plaider ma cause auprès de mademoiselle Stylite.

M. de Lendeven secoua la tête.

— Je vous le permets, dit-il enfin.

M. Sauvage se leva, serra la main du père de Stylite et se retira.

Une heure après, un clerc de notaire apportait la somme nécessaire pour désintéresser le cousin de Paris.

XLIV

A partir de ce moment fut organisée, autour de Stylite, ce que l'on pourrait appeler la *Conspiration du mariage*.

M. de Lendeven, malgré sa répugnance instinctive pour une union qu'il ne désirait pas, pour un gendre qu'il n'aurait pas choisi, ne put se défendre de communiquer à sa femme la demande qui venait de lui être faite.

— Je me charge de tout ! répondit la mère.

Cela signifiait :

— Le mariage se fera.

Un mariage ! n'était-ce pas le meilleur moyen d'empêcher Stylite de se jeter dans un cloître.

— Songe au bonheur de Stylite, dit le père.

— Et à ton salut ! ajouta madame de Lendeven.

— On trouve encore dix mille francs.

— Oui, mais les gendres riches sont rares...

— Tu sais que les idées de Stylite...

— Étaient celles d'une pensionnaire... Depuis trois

ans, je crois avoir gagné quelque peu de terrain ; elle est pieuse... donc elle doit obéir...

M. de Lendevên soupira.

Il savait obéir depuis vingt-cinq ans, lui !

Madame de Lendeven changea subitement à l'égard de sa fille.

Elle se montra tendre, caressante, expansive ; elle l'entoura de caresses ; elle alla même jusqu'à lui faire l'éloge de mère Sainte-Madeleine et de sœur des Cinq-Plaies. Stylite crut à un renouvellement absolu dans l'âme de sa mère ; elle se dédommagea d'une contrainte de longues années ; elle épancha une tendresse comprimée jusque-là et sentit que sa mère devenait une vraie mère pour elle...

Ou plutôt, elle le crut. Les âmes droites et loyales comme la sienne ne supposent jamais chez les autres une arrière-pensée.

Cette vie intime, qu'elle n'avait jamais goûtée, sembla merveilleusement douce à la jeune fille.

Elle n'eut plus de craintes, d'appréhensions ni de trouble.

Elle se montra ce qu'elle était, remplit la maison d'une joie charmante, et se parait de son bonheur avec une adorable grâce.

— Elle est bien disposée... pensait la mère.

— La perdre, m'en séparer, se disait M. de Lendeven.

M. Sauvage, secrètement conseillé par une amie intime de la maison, fit une visite particulière à la mère de Stylite.

Marier sa fille à un homme riche ne lui suffisait pas. Le contrat de mariage devait établir la position de Stylite d'une façon avantageuse.

Ne faut-il pas tout prévoir : veuvage ou séparation... Notre société est à ce point malade que, si on ne l'avoue pas, on n'en songe pas moins à cette circonstance.

On peut ne pas se convenir.

Or, madame de Lendeven réduisait ce mariage à une question d'argent.

M. Sauvage se montra disposé à faire tous les sacrifices. Stylite lui plaisait par ses côtés sérieux. Il trouvait juste que, si le coup de boutoir d'un sanglier le tuait subitement, sa veuve put garder un état de maison convenable. Il lui eut répugné de traiter ces questions avec Stylite, il en passa donc par tous les désirs multiples et explicites de madame de Lendeven, à qui il baisa la main en signe de respect et de reconnaissance.

— Écoutez, dit la mère, vous épouserez Stylite... Je sais qu'elle a rêvé le couvent comme toutes les petites filles qui y ont été élevées ; mais vous ne vous effraierez pas de la répugnance qu'elle montrera pour une union que je trouve convenable sur tous les rapports. Vous la verrez dimanche chez le préfet ; dansez avec elle, faites-lui votre cour, et, dans un mois...

L'échéance arrivait juste à cette date.

Madame de Lendeven s'occupa tout de suite de faire arriver les papiers nécessaires à la célébration du mariage. La douceur, l'aménité, la gaieté régnaient toujours dans la maison.

Le bal du préfet fut brillant.

M. Sauvage se montra empressé. Stylite, indifférente aux hommages, ne remarqua pas les siens. Elle fut, comme toujours, d'une modestie touchante. On eut dit une Esther, moins Assuérus et le trône de Perse.

Sans qu'elle s'en doutât, on commandait le trousseau ; les tapissiers recevaient des ordres pour le château du futur. Autour d'elle chacun savait de quel événement il s'agissait dans la famille. Elle seule ne se doutait de rien.

On la laissait libre d'aller à l'église, de prier, d'assister à la messe. Elle se replongeait dans la vie de piété, qui était son existence propre.

Jamais, depuis sa sortie du couvent, elle ne s'était sentie aussi heureuse.

— C'est un miracle, un vrai miracle, disait-elle.

Et Stylite remerciait Dieu.

Il fallait bien cependant que le mystère perdît ses voiles.

La bombe devait éclater.

M. de Lendeven était rêveur et triste.

Il se regardait comme coupable de trahison envers sa fille. Quand il l'embrassait, les larmes lui venaient aux yeux. Il eut voulu parler... Mais que dire ?

Pouvait-il la défendre ?...

La défendre, il se sentait perdu !

Un malheur, de quelque genre qu'il fut, planait sur la famille.

Nous avons dit que, depuis trois semaines, Stylite goûtait une paix heureuse. Un soir, revenant du couvent où elle avait travaillé tout le jour à une chape de lampas blanc, dont l'étoffe provenait d'une robe de mariage, elle trouva sa mère seule au coin de la cheminée du salon.

La lumière rare tombait sur le visage pâle et amaigri de madame de Lendeven.

Elle portait une robe noire. Tout concourait à lui donner, ainsi qu'aux objets dont elle était entourée, une apparence de souffrance et de désolation.

— Où est mon père? demanda Stylite.

— Chez son notaire, répondit madame de Lendeven d'une voix sombre.

— Est-ce que?... demanda Stylite, qui ne put achever.

— Oui, dit la mère.

— Mon Dieu! mon Dieu! s'écria la jeune fille en fondant en larmes.

— Ton père donne sa démission, dit madame de Lendeven.

— Lui! s'écria Stylite en se levant toute droite, lui! donner sa démission! renoncer à une carrière qu'il a remplie avec tant d'honneur, et qu'il honore si bien; vous n'y pensez pas, ma mère!

— Je ne pense qu'à cela, répondit-elle.

— Et la sœur de notre cousin...

— Exige et a le droit d'exiger un remboursement.
— On emprunte, dit Stylite.
— A qui? demanda la mère.
— A des amis.
— Nos amis sont comme nous, des fonctionnaires! Triste chose, mon enfant, situation honorable qui vous permet de vivre de privations pendant toute une vie. Et, en dépit de l'insuffisance des appointements, il faut recevoir, s'habiller convenablement et donner à ses enfants une éducation brillante. Encore ne devons-nous pas nous plaindre! Je connais des hommes de l'âge de ton père et qui sont entrés en même temps que lui dans l'administration, eh bien! ils végètent, eux, leur femme et cinq enfants dans une sous-préfecture, avec une place de deux mille francs d'appointements. Ton père à trente-cinq ans de services actifs, il demandera sa retraite.
— L'inaction le tuera, dit Stylite.
— Oh! ce sera sa mort, je ne le pressens que trop, dit madame de Lendeven.
— Et pas un moyen de salut?
— Rien! dit madame de Lendeven d'une voix désespérée.

Stylite sanglotait.

Sa mère s'approcha, la prit dans ses bras et lui baisa les cheveux.

— Comme tu aimes ton père! dit-elle.
— Plus qu'il ne peut le comprendre, plus que tu ne le crois!

— Tu le préfères à tout ?
— Je vous aime tous deux.
— Ce n'est pas cela que je veux dire... tu comptais ton bonheur pour rien en songeant à celui de ton père.
— Sans doute.
— Aucun sacrifice ne te coûterait pour lui ?
— Aucun ! ma vie, s'il le fallait.
— La mort ne sert à rien, ma fille, c'est l'existence qui peut être bonne à quelque chose.
— Ah ! je lui dévoue la mienne...
— Sans regrets ?
— Avec joie !
— Sauve-le donc ! s'écria madame de Lendeven triomphante.
— Comment ? oh ! comment ? demanda Stylite les mains jointes, les yeux pleins de larmes...
— Épouse M. Sauvage.

Stylite jeta un cri et cacha sa figure dans ses mains.

— Ah ! tu vois, dit sa mère, je le savais bien, va ! On dit : je donnerais ma vie ; on se sert de grands mots, on monte, en idée, sur le bûcher d'Isaac, mais quand vient réellement l'heure de se montrer grande, dévouée, héroïque, on redescend des hauteurs de son sacrifice, et l'on demande simplement à nouer un bouquet de fête... La foi dont tu fais profession ne va pas jusque-là. Tu aimes Dieu, et tu observes ses commandements, mais pas au point d'empêcher la mort de ton père !...

— Ma mère, par pitié...

— Je parlerai... Il y a longtemps que je me tais, que j'étouffe mes sentiments sur des vertus faites de théories, que je me contrains pour ne pas dire ce que je pense de l'égoïsme monstrueux avec lequel les filles paient la tendresse des mères... Pendant de longues années on veille sur elles, on les entoure de soins, on fonde sur leur avenir des espérances de félicité... Folie ! vous les avez vu grandir, s'embellir et s'instruire pour d'autres ! On vous a volé, sous le manteau de la religion, la tendresse des enfants de vos entrailles, et vous vous trouvez seule dans votre vieillesse. Un coup inattendu atteint le chef de famille, il frappe à la fois la mère, le père, il brise et détruit tout... Une seule espérance reste : la fille ; un mot d'elle, et tout est sauvé ! Croyez-vous qu'elle se prononce ? Elle se dresse dans un orgueilleux entêtement de vocation, et foule aux pieds la plus sacrée de ces obligations : celle de respecter, d'aimer et de se dévouer à ceux de qui elle tient tout... Il faut que ce mariage se fasse; Stylite, sans cela... votre père est frappé à mort...

— Mon Dieu ! mon Dieu ! murmura Stylite.

— Et puis, n'exagérez rien, M. Sauvage est riche et il vous aime !

— Mais moi ! moi, ma mère !

— On aime toujours son mari.

— Et si je ne le rends pas heureux ?

— Ce sera votre devoir !

— Mais enfin, je ne me crois pas faite pour la vie commune, le mariage m'épouvante...

— Il est la destinée ordinaire des femmes.

— Je vous le jure, sur mon âme! Dieu m'appelle ailleurs.

— Idées de couvent.

— La vocation n'est ni un orgueil ni une chimère, vous ferez de moi la plus malheureuse des créatures.

— Préférez-vous être la plus coupable des filles?

— Ah! vous êtes cruelle! s'écria Stylite.

— Songez-y, dit madame de Lendeven, vous tenez dans vos mains la vie de votre père, mon repos et l'avenir de Roland; si votre folie entêtée vous pousse dans la voie de la désobéissance, je vous maudirai!

— Grâce! s'écria Stylite en pleurs, grâce!

— Choisissez! dit la mère, et elle sortit.

Stylite demeura seule.

Quand dix heures sonnèrent, elle quitta ce salon et monta dans sa petite chambre.

Elle entendit son père et sa mère qui causaient dans une pièce voisine.

— S'il savait combien ma mère s'est montrée dure, pensa Stylite.

Elle ne put dormir cette nuit-là.

Au matin, quand elle entendit sonner la messe des Jésuites, elle descendit l'escalier.

La vieille servante qui l'avait élevée lui dit, d'une voix triste :

— Madame ne permet pas que vous sortiez.

Stylite remonta chez elle.

Elle comprit alors qu'on ne lui avait rendu la liberté que comme un appât.

Elle se résigna, elle pria.

Que faire, cependant ?

Quelle voie était la bonne ?

Dans ce cas, l'obéissance valait-elle mieux que le sacrifice ?

A l'heure du déjeuner, Stylite descendit.

M. de Lendeven semblait dévoré par le chagrin.

Sa femme resta silencieuse, froide, impassible.

Oh ! ce furent des jours affreux que ceux auxquels la jeune fille se vit condamnée... Elle se disait bien qu'on fait son salut dans le monde, mais elle était forcée de s'avouer que Dieu la voulait toute à lui... L'épreuve la tuait... Elle ne pouvait désespérer son père ; elle tremblait de sacrifier son âme... Tout lui était piége et souffrance... Son cœur avait les sept glaives enfoncés jusqu'à la garde... Pour surcroit d'épreuve, Dieu se taisait...

La prière lui semblait aride.

Rien ne la consolait.

Elle criait miséricorde au ciel, le ciel ne lui répondait pas ; les larmes qu'elle versait retombaient sur son cœur, sans que nul daignât les recueillir...

Quand le Sauveur demandait à son Père que le calice s'éloignât de lui, le Père paraissait ainsi ne pas l'entendre.

Stylite ne voyait autour d'elle que des ombres épaisses.

Repliée sur elle-même, elle s'abîmait dans une désolation au sein de laquelle retentissait la voix menaçante de sa mère.

Quand arriva le jeudi, elle crut qu'on ne lui permettrait point d'assister à la réunion, mais sa mère vint, au contraire, lui rappeler que l'heure s'avançait.

Stylite la remercia et voulut l'embrasser. Madame de Lendeven lui tendit froidement la joue.

— A quoi bon des caresses, vous ne m'aimez pas, dit-elle.

— Ah! maman, que vous me connaissez mal, dit Stylite, et que vous me rendez peu justice!

— Prouvez-le moi.

— Le puis-je, dit Stylite; je ne comprends rien à l'obligation dont vous voulez me charger... vous me jetez dans le mariage comme dans un gouffre dont je ne connais pas le fond... qui sait si ma vie ne sera pas plus tard dévorée, non par des regrets, mais par des remords.

— Des remords, si vous n'obéissez pas, Stylite...

— Obéir à qui? dit Stylite, il me semble que ma conscience me crie : refuse!

— Réfléchissez au nom même de cette religion que vous dites tant aimer... Je me suis montrée sévère à votre égard, je vous ai interdit ce qui eut fait votre joie, vous n'avez pu aller à l'église aussi souvent que vous le désiriez : le mariage, c'est la liberté, c'est l'émancipation de la femme; M. Sauvage vous laissera toute latitude pour pratiquer vos devoirs religieux;

plus d'entraves à votre piété, à votre bienfaisance, puisque vous serez riche… vous donnerez au monde un exemple qui fera plus autorité par la sainteté de votre vie que le cloître, le voile et les vœux. Ainsi, grâce à votre consentement, vous aurez assuré à votre père une vieillesse heureuse, vous m'aurez payée de ma tendresse, Roland vous devra son avenir, et vous appellerez à Dieu celui qui va devenir votre mari, et qui ne demande qu'à se laisser conduire…

— Ma mère, dit Stylite d'une voix calme, votre raisonnement semble trop fort ou trop spécieux pour moi. J'ai besoin de conseils, d'un conseil qui vienne d'en haut et que ne puissent influencer les considérations vulgaires… je ne puis l'implorer que d'une sainte ; me permettez-vous d'écrire à mère Sainte-Madeleine ?

Madame de Lendeven hésita.

— Que ne vous adressez-vous simplement à votre confesseur ?

— Mon confesseur ne m'a point élevée, et connaît moins bien les replis secrets de mon âme.

— Si je vous refuse cette permission ?

— Sous ce rapport, je me soumets depuis trois ans à votre volonté, quoi qu'il m'en coûte.

— Écrivez, dit madame de Lendeven.

— Je pourrai vous donner ma lettre cachetée ?

— Oui, répondit-elle avec une certaine âcreté.

— Merci, ma mère ; je vais à la réunion ; j'écrirai ce soir.

XLV

Il était dit que Stylite se trouverait ce jour-là entourée de tous les souvenirs du couvent.

Les jeunes femmes arrivèrent en grand étalage de parure; un vent de journaux de modes avait soufflé sur la province. La poudre de riz faisait invasion; et même, à la grande stupéfaction du grand nombre, on crut voir que les paupières de madame Rambure s'estompaient grâce à un crayon arabe.

Sœur des Cinq-Plaies mit un peu de malice dans les compliments qu'elle adressa aux femmes; et puis, pour les consoler ou plutôt pour mieux feindre, elle s'écria :

— Que voulez-vous, nous retournons en pleine Rome. Il paraît que vainement un grand critique, du nom de Juvénal, je crois, écrivit contre l'abus que les dames de son temps faisaient des cosmétiques et de l'amour immodéré de la poudre; je ne crois pas qu'il en ait converti beaucoup. Chère mondaine, dit-elle à madame Rambure, lisez donc cette page, je vous prie.

La jeune femme commença :

« — Oh ! qu'on se scandalise de voir des femmes
« qui mettent tous leurs soins à se farder ; qui, sem-
« blables à des idoles, paraissent aux yeux des hommes
« avec un visage de plâtre et tout défiguré par le blanc
« qu'elles y mettent ; qui conservent sur leurs joues
« fardées les traces et les sillons des larmes qui leur
« échappent malgré elles ; qui élèvent par étages sur
« leur tête des cheveux empruntés ; qui tâchent de
« faire revivre sur un front ridé les traits usés d'une
« jeunesse que le temps a flétrie ; et qui, courbées et
« chancelantes sous le poids des années, prennent des
« airs de jeunes filles au milieu d'une foule de neveux
« et de petits-fils qui les environnent.

« Une femme chrétienne ne devrait-elle pas rougir
« de tous les soins qu'elle se donne pour paraître
« belle malgré la nature, et pour flatter les désirs de
« la chair, qu'on ne peut satisfaire, comme dit saint
« Paul, sans déplaire à Dieu ? »

Madame Rambure s'arrêta.

Les jeunes femmes se regardèrent.

Quelques-unes rangèrent les plis trop bouffants de leurs robes avec une sorte de honte.

— Continuez ! continuez, dit sœur des Cinq-Plaies.

Madame Rambure avait fermé le volume avec un certain dépit, elle le rouvrit au hasard.

« Autrefois, Blesilla perdait beaucoup de temps à
« sa toilette, et passait des journées entières à con-
« sulter son miroir pour voir s'il ne manquait rien

« à sa beauté, alors ses femmes la coiffaient avec
« art... »

Sœur des Cinq-Plaies regarda en souriant les triples
cornes de bélier échafaudées sur le front de la jeune
femme.

Madame Rambure y porta vivement la main et les
applatit d'un geste à la fois mutin et gracieux.

— J'ai péché, dit-elle en souriant, et j'accomplis ma
pénitence.

Elle reprit :

« Aujourd'hui elle dit avec confiance :

« *Nous qui n'avons plus de voile sur le visage, et qui
contemplons la gloire du Seigneur, nous sommes transformés en la même image, nous avançons de clarté en
clarté par l'illumination de l'Esprit du Seigneur.* »

« Blesilla maintenant se néglige tout à fait. Elle se
contente d'avoir la tête couverte.

« Les lits de plume lui semblaient trop durs autrefois, et à peine pouvait-elle y reposer.

« Maintenant elle se lève de grand matin pour faire
oraison, et elle est la première à chanter les louanges
du Seigneur.

« Prosternée contre terre, elle verse des torrents
de larmes pour laver son visage que le fard avait
gâté.

« Elle fait succéder la psalmodie à l'oraison, et telle
est sa ferveur dans ses exercices de piété que, quoique
accablée de lassitude et de sommeil, à peine peut-elle
consentir à prendre un peu de repos.

« Comme sa tunique est de couleur sombre, elle ne craint point de la salir en se mettant à genoux.

« Sa chaussure est simple et modeste, et elle distribue aux pauvres le prix des souliers dorés qu'elle avait coutume de porter autrefois.

« On ne lui voit plus de ceinture bordée d'or et ornée de pierreries; elle se contente d'en avoir une de laine très-simple et très-commune, qui serre sa tunique sans la couper. »

— Passez le livre à mademoiselle Stylite, dit alors la religieuse.

La jeune fille prit le volume et le baisa avec respect. Sœur des Cinq-Plaies la regarda.

— Ne sont-ce pas les *Lettres de saint Jérôme?* dit-elle.

— On devrait les appeler le Code des femmes chrétiennes.

Stylite continua la lecture :

« Les uns prétendent que l'on doit habiller de vêtements bruns une vierge qui est destinée au Seigneur; lui ôter le linge et ne lui laisser porter aucun ornement d'or ni aucune pierrerie, afin qu'elle s'habitue à ne point porter ce qu'elle serait un jour obligée de quitter.

« D'autres tiennent une conduite contraire à celle-là, car disent-ils, cette vierge ne verra-t-elle point à ses compagnes ce qu'elle n'a pas?

« Les femmes aiment naturellement à être parées, et il y en a de fort vertueuses qui, sans dessein de plaire aux hommes se parent néanmoins pour leur satisfaction particulière.

« Il faut donc combler une vierge de ces vanités, et louer en sa présence celles qui s'en privent, afin que la possession lui en donne le dégoût, et qu'elle ne les souhaite point pour ne les avoir jamais eues.

« Le Seigneur même en usa de la sorte avec les Israélites, qui désiraient manger des viandes des Égyptiens, car il les rassasia de cailles jusqu'à ce qu'ils en fussent dégoûtés ! Et, dans le monde, plusieurs de ceux qui ont goûté la sensualité y renoncent plutôt que ceux qui ne l'ont jamais connue.

« On méprise ce que l'on connaît et l'on recherche ce que l'on ne connaît point. »

Elle tourna quelques feuillets et passa à cette page magnifique, adressée à la vertueuse Marcella, par l'ami de Paula et d'Eustochie :

« Je me trouve obligé de rapporter en peu de mots la vie d'Azella, qui nous est si chère à l'un et à l'autre ; mais comme elle est peinée d'entendre faire sa louange, je vous supplie de ne lui point montrer cette lettre, et de vous contenter, s'il vous plaît, de la lire aux jeunes filles qui sont auprès de vous, afin que, connaissant que sa manière de vivre est la règle d'une vie parfaite, elles se forment sur son exemple.

« Lorsque Azella, à l'âge de douze ans, prit la résolution de se consacrer à Dieu, elle tira de son cou un de ces colliers que l'on nomme communément *murènes*, à cause que l'or tissu ensemble avec des fils retors forme une sorte de chaîne qui a de la ressemblance avec ce poisson ; et, sans que ses parents en sussent rien, elle le vendit, et avec l'argent qu'elle en reçut elle acheta une robe de couleur fort brune, et propre pour une religieuse ; vêtement que sa mère lui avait toujours refusé, quelque instance qu'elle eut faite ; et, par ce saint trafic, qui fut comme un heureux présage de la suite de ses actions, elle se consacra aussitôt à Notre-Seigneur, afin que tous ses proches connaissent qu'on ne pourrait jamais contraindre à prendre part aux délices du siècle celle qui condamnait le luxe de ce siècle par la simplicité de cet habit. »

— Je ne ferai pas de commentaires, dit la religieuse en reprenant le volume des mains de Stylite, retenez seulement ces conseils :

« Que ses vêtements préservent son corps des injures de l'air, qu'elle ne porte point de ces étoffes légères qui ne couvrent qu'à demi.

« Que l'Écriture sainte lui tienne lieu de diamants et de vêtements somptueux ; que son livre soit simple, sans ornement, correct et fidèle. »

— Quelle leçon, dit la religieuse ! Vous mettez, mesdames, de la coquetterie jusque dans la reliure de votre livre de prière.

Elle continua :

« Celle-là doit vous paraître belle, et digne d'être admise dans votre société, qui ne tire point parti de ses avantages extérieurs ; qui, se produisant en public, ne découvre ni son cou, ni sa poitrine, qui reste la tête couverte de son voile, et qui ne l'écarte que pour ménager l'ouverture nécessaire pour guider sa marche. »

Madame Rambure se leva.

— Nous demandons grâce, dit-elle.

Deux ou trois jeunes femmes ajoutèrent :

— Nous sommes assez punies.

— Mais votre pénitence n'est pas accomplie.

— Qu'ordonnez-vous? dit madame Rambure avec cette belle grâce qui lui faisait pardonner tant de chose.

— Nous avons grand besoin d'un ornement violet, dit la religieuse.

— Je vous enverrai une robe demain.

— Allez en paix !

— Vous avez de splendides volants de dentelle, et...

— Vous manquez de nappes d'autel.

— Vraiment oui.

— Me pardonnerez-vous si je partage ?

— On vous pardonnera si vous ne péchez plus.

Sœur des Cinq-Plaies sourit à son groupe de travailleuses.

L'horloge sonna et Stylite s'approcha de la supérieure.

— Je subis une grande épreuve, lui dit-elle, veuillez me recommander aux prières de votre sainte communauté.

— Nous dirons pour vous un *Miserere,* les bras en croix, ma chère fille, prosternées devant Notre-Seigneur. Attendez le départ de vos compagnes, et venez vous joindre à nous dans la chapelle.

Un moment après, Stylite pénétrait seule dans la petite église.

L'ombre l'envahissait.

L'office était dit.

Quelques religieuses seulement demeuraient, penchées sur leurs stalles.

Elles n'avaient pu quitter si tôt le Bien-Aimé ; et, de même que l'encens laisse encore après l'évaporation de son parfum une senteur lointaine et vague, leur cœur conservait la trace de la méditation ardente, du chant enflammé pendant lequel elles s'étaient rapprochées davantage du Sauveur.

Sœur des Cinq-Plaies dit tout bas un mot à l'oreille de trois de ses religieuses.

Celles-ci quittèrent leurs stalles, s'avancèrent dans la chapelle et se prosternèrent à terre, les bras en croix.

Rien n'est plus touchant, plus humble, plus intime que cette prière. Le mont des Oliviers semble alors se faire visible. La même violence est faite à Dieu.

Stylite pleurait, accoudée sur sa chaise.

Son âme se fondait dans une de ces invocations qui brisent le cœur, mais qui le gardent néanmoins obéissant à la suprême volonté du Christ.

Cette église sombre, ces religieuses agenouillées, ces pleurs versés, la grande lamentation criant à Dieu la misère de l'homme, cette enfant se débattant toute vive pour échapper aux serres du mariage, tout concourait à faire de cette scène, si simple en apparence, un drame complet.

Hélas! que de fois les anges voient couler de pareilles larmes.

Si grand est cependant le pouvoir de la prière, que Stylite quitta la chapelle avec le sentiment que Dieu désormais lui dicterait lui-même son devoir et lui tracerait sa voie.

Après le dîner en famille, elle fit, comme à l'ordinaire, les pensums de Roland et monta dans sa chambre.

XLVI

Pourquoi ne peut-on garder certaines pages?

Pourquoi la lettre de Stylite, cette prière ardente, ce brillant appel, cette désolation immense ne nous est-elle pas restée entre les mains?

Celle qui la reçut en fit une relique de son cœur, et nous n'en avons pas copié les mots.

Elle nous frappa comme l'expression de l'éloquence la plus vraie, la plus entraînante, la plus magnifiquement belle que nous ayons jamais trouvée.

Les livres ne donnent jamais de semblables chefs-d'œuvre !

Les livres se font avec des mots, cette lettre était écrite avec des larmes !

Pendant plus de deux heures Stylite laissa courir sa main sur le papier.

Elle s'arrêtait souvent pour s'essuyer les yeux, puis elle reprenait sa lettre. Parfois elle s'interrompait aussi pour prier ou pour coller ses lèvres aux brins de laine qu'elle cachait dans une croix d'argent.

Quand elle eut répandu son cœur dans ces pages brûlantes, elle les cacheta et mit l'adresse.

Le lendemain elle porta cette longue lettre à sa mère.

Stylite attendit un moment que madame de Lendeven donnât ordre de la jeter à la boîte; elle ne le fit pas, et Stylite se retira.

Pauvre Stylite!

Une minute après la profanation était accomplie.

Madame de Lendeven brisait le cachet.

Elle ne put rien comprendre à cette sorte de plainte attendrie, à cette divagation craintive d'un cœur brisé, à cet appel plein d'angoisse; elle ne sentait pas assez fortement, et son cœur ne possédait point une assez grande richesse morale et religieuse pour qu'elle eut la notion vraie de tout ce que ressentait Stylite; mais elle comprit, par le sens général de ces feuilles, que la jeune fille avait le cœur mortellement atteint.

— Si la religieuse lui conseille le cloître, elle y entrera, se dit madame de Lendeven.

Elle eût la pensée de ne pas envoyer la lettre.

Mais d'un autre côté, Stylite ne se déciderait jamais à rien sans le conseil de mère Sainte-Madeleine.

Les jours se passèrent.

La jeune fille n'obtenait pas de réponse.

Stylite devenait soupçonneuse et sa mère inquiète.

Enfin il arrive une lettre portant le timbre d'une ville où Stylite ne connaissait personne. L'écriture ne lui était pas non plus familière.

Voici ce qu'elle contenait :

MADEMOISELLE,

J'ai lu avec un attendrissement profond les pages que vous adressiez à madame Sainte-Madeleine, membre aujourd'hui de l'ordre de la Trappe, sous le nom de sœur Sainte-Austreberthe.

Je n'ai pu la lui communiquer; vous savez, sans doute, quelle est, à ce sujet, la sévérité de notre ordre. Son père viendrait à mourir qu'elle ne l'apprendrait même pas.

Adressez-vous plus intimement encore, s'il se peut, au cœur de Jésus, et attendez avec confiance l'effet de sa grâce sur vous,

Je suis, mademoiselle...

Ainsi, ce que mère Sainte-Madeleine avait promis de faire, elle l'avait exécuté...

Maintenant, ensevelie derrière les grilles de la Trappe, elle ne pouvait même plus entendre la voix de son enfant désolée montant jusqu'à elle.

La supérieure avait dit ce qu'elle pouvait, ce qu'elle devait dire : rien de plus !

L'âme de Stylite ne lui était pas connue ; elle pria pour elle, sans doute, car elle découvrit une grande douleur au fond de son âme...

La Trappe !

Ce mot seul plongea Stylite dans une profonde rêverie.

N'avait-elle point dit à mère Sainte-Madeleine qu'elle irait l'y rejoindre?

Tout ne semblait-il pas maintenant l'en éloigner?

Il est des heures dans la vie où un abandon général paraît peser sur nous; des moments où nous crions le *lamma sabacthani!* où le monde et le ciel nous paraissent également vides!

Dieu ne se retire pas; il dort, mais son cœur veille.

Assis à la proue, tandis que le bâtiment marche, il feint de sommeiller pour éprouver notre confiance.

Les rames nous échappent des mains, le vent se lève, la tempête mugit, les vagues s'enflent, l'embarcation menace de sombrer, et soudain, éperdus, nous crions :

— Seigneur, sauvez-nous! nous périssons.

Il ne nous entend pas : il dort!

L'orage augmente, les éclairs brillent, le tonnerre gronde; le bâtiment fait eau de toutes parts, et cette fois, l'angoisse au cœur, égarés, vaincus par la terreur, nous répétons de nouveau :

— Seigneur, sauvez-nous!

Jésus sommeille encore.

Il faut que nous saisissions son manteau, que nous nous cramponnions à sa robe...

Alors, il ouvre les yeux et sourit.

Le vent se calme, la vague s'aplanit, la barque

reprend son équilibre sur la mer apaisée, et le soleil rayonne dans un ciel sans nuage...

La tempête mugissait autour de Stylite.

Toutes les circonstances se réunissaient pour abattre son courage, et cependant elle ne s'abandonnait pas encore elle-même, quoique le Seigneur lui-même parut l'abandonner...

Elle montra à sa mère la lettre de la supérieure du monastère de la Trappe.

— C'est la main de Dieu! dit madame de Lendeven.

— Je désirerais voir demain sœur des Cinq-Plaies, ajouta Stylite.

— Allez, ma fille, je vous le permets.

Stylite ne voulait céder qu'à un ordre venu d'en haut; si elle accomplissait le plus héroïque des sacrifices, il fallait au moins que ce fut réellement un acte de vertu.

Sœur des Cinq-Plaies la reçut comme si elle l'attendait.

— Vous avez un secret à me confier, lui dit-elle.

— Plus que cela, j'ai mon âme à remettre entre vos mains.

Elle raconta tout; son enfance, sa jeunesse, sa vocation, les épreuves subies dans la maison paternelle, le malheur qui frappait son père, le moyen qu'elle avait de le conjurer.

— Que l'on connaît mal les couvents et leur esprit! dit sœur des Cinq-Plaies! On pense que nous avons un but unique : ravir les filles à leurs mères, compter des dots, augmenter le nombre de nos novices... Oui, nous aimons à voir des jeunes filles se consacrer à Dieu parce que nous les croyons plus heureuses que dans tout autre état ; mais quand Dieu nous paraît prescrire autre chose, quand leur calvaire devient plus escarpé, plus rude et plus méritoire, nous leur conseillons de suivre la voie sanglante et de prouver au monde qu'une foi sincère triomphe de tout, même de l'entraînement complet, absolu, invincible vers les hauteurs de la perfection religieuse et les divines consolations de la piété.... Ce que je vais vous dire, ma fille, va briser votre âme... Vous venez à moi, dans l'espérance que je vous encouragerai à la lutte, et que je vous dirai : attendez votre majorité pour vous consacrer à Dieu... Eh bien ! non ! Dans la situation présente, il est plus parfait que vous sauviez votre famille... votre mère vous en saura un tel gré que vous la gagnerez complètement à Dieu, votre père vous devra le repos et la joie... Tous seraient perdus : qu'une seule soit sacrifiée...

— C'est Dieu qui me parle, murmura Stylite, le calice me semble amer, mais je l'accepte...

— Qu'il vous devienne doux, ma fille ! La croix jetée dans les eaux de Mara suffit pour en changer la saveur... Pleurez ! pleurez ! le Christ a pleuré... Mais obéissez...

— Bénissez-moi, dit Stylite.

— Pour la terre, et pour le ciel, ma fille.

Stylite prit le voile de la religieuse et le baisa ; elle porta également le bas de sa robe à ses lèvres.

— Je n'étais pas digne du saint habit, dit-elle humblement.

Elle quitta sœur des Cinq-Plaies le front calme, l'âme remplie de la sérénité des martyrs.

Elle faisait plus que donner sa vie.

Elle consentait à laisser effeuiller sa couronne !

Quand elle rentra, madame de Lendeven épia sa physionomie avec impatience.

— Ma mère, dit Stylite, je ferai ce que vous voudrez.

Madame de Lendeven n'eut pas la force de réprimer un cri de joie.

Son mari se détourna pour s'essuyer les yeux.

Il appela sa fille :

— Tu t'immoles pour moi, dit-il.

— Je vous aime et je vous le prouve.

— Mais si tu en mourais...

— Dieu voit et juge ! dit Stylite.

Elle pria seulement qu'on lui accordât un mois de repos, de tranquillité de cœur absolue.

Elle consentit à recevoir pendant ce temps les visites de M. Sauvage.

Il venait chaque jour apporter un bouquet.

Sa conversation était bonne, affectueuse ; il aimait réellement et profondément Stylite. Il lui offrit d'opérer toutes les réformes qu'elle souhaiterait dans sa vie et dans son intérieur ; elle se borna à lui demander une grande liberté pour remplir ses exercices religieux.

Un jour il voulut savoir si elle l'aimait.

— Je serai, lui dit-elle, une fidèle épouse et une honnête femme; vous n'ignorez sans doute pas que j'avais rêvé une autre destinée.

— Vous vous sauverez près de moi, et vous m'aiderez à me sauver, répondit-il.

Stylite lui sut gré de ce mot, qui adoucissait son sacrifice par un peu d'espérance.

XLVII

Il est d'habitude, dans les familles où doit se célébrer un mariage, une quinzaine de jours remplis d'une animation joyeuse. On s'occupe du trousseau, on songe à la corbeille. La jeune fille, même la moins frivole, ne peut s'empêcher de penser un peu aux mystères qu'on lui fait encore sur les recherches de sa toilette, sur les présents qu'on lui ménage.

Stylite épousait un homme riche, elle savait que rien ne serait négligé pour lui plaire, mais elle ne se préoccupait de rien. Elle se disposait au mariage comme à l'accomplissement d'un devoir, comme à la réception d'un sacrement.

Une fois le sacrifice accepté dans toute son étendue, elle ne s'appliqua plus qu'à en cacher aux yeux de tous la rigueur désespérante.

Elle retrouva son sourire, elle feignit une sorte de gaîté, reprit ses promenades avec son père, répandit sur toute la maison ce qui était si complètement en elle : le charme et la vie ; jamais on n'aurait pu se douter que son âme saignait au-dedans par mille blessures. Elle s'en accusait presque. Il lui semblait que c'était une imperfection de ne pas épouser son martyre avec une sérénité complète. Elle demanda à sœur des Cinq-Plaies si elle offensait Dieu en regrettant un état de vie plus parfait ; la religieuse ne put que la bénir en l'attirant dans ses bras.

Le temps marchait ; les conditions du contrat discutées, sa rédaction fut confiée à un notaire habile.

On devait le signer le lendemain.

Une splendide toilette était préparée pour Stylite.

Madame de Lendeven donnait une soirée.

On achevait les préparatifs, on enlevait la housse de gaze des lustres, on garnissait les jardinières ; M. de Lendeven agité, intérieurement souffrant, marchait dans le jardin, de long en large, absorbé par une pensée unique.

— Ma fille se sacrifie pour moi.

Stylite, qui l'aperçut et qui devina quelles pensées remplissaient son cœur, courut le rejoindre.

Elle lui parla de mille choses étrangères à ce qui allait se passer ; elle mit de la coquetterie dans son entretien ; elle prit à tâche de distraire son père de sa préoccupation douloureuse.

M. de Lendeven l'interrompit par un baiser :

— Ne mens pas, lui dit-il, ne mens pas !

— Elle baissa la tête et se tut.

— Ce mariage te fera mourir... dit-il.

— Non, mon père, s'il est dans les volontés de Dieu.

En ce moment un cri perçant se fit entendre, suivi d'une rumeur inquiétante, et d'un mouvement inusité.

Stylite crispa sa main sur le bras de son père.

— Ah ! dit-elle, c'est un malheur !

Elle s'enfuit vers la maison.

Les domestiques s'empressaient autour de madame de Lendeven qui venait de faire une chute des plus graves.

Elle rangeait dans une armoire le linge destiné à Stylite et que l'on venait d'apporter ; debout sur une chaise, les bras tendus et chargés d'un poids assez lourd, elle fit un mouvement faux, perdit l'équilibre, tomba, et en tombant se brisa la jambe.

Le médecin fut appelé en toute hâte.

Après le pansement, qui fut long et douloureux, il se retira en prescrivant le repos.

Mais la nature de madame de Lendeven était essentiellement active; ses souffrances, l'inopportunité d'un tel accident à la veille du mariage, redoublèrent sa fièvre ; à la fracture s'adjoignit bientôt une maladie grave, et qui mit ses jours en danger.

M. Sauvage n'osa se présenter dans les premiers moments, il se contenta de faire prendre des nouvelles de la malade.

Stylite s'installa au chevet de sa mère.

Le délire s'empara de madame de Lendeven ; elle ne cessait de parler de la voie de la Providence, de la justice de Dieu; elle recommadait à sa fille, qu'elle ne reconnaissait pas, de prier pour elle; elle s'adressait même à une personne invisible, à mère Sainte-Madeleine, et lui demandait pardon d'avoir voulu lui ravir sa fille spirituelle.

Stylite fut héroïque de dévouement.

Pendant vingt-trois jours elle demeura au chevet de sa mère, veillant, priant, observant les ordonnances du médecin, faisant prendre les potions commandées, rafraîchissant le lit humide de sueur, redressant et regonflant les oreillers, demandant, tout en larmes, à Dieu de lui rendre sa mère.

Combien se trompent ceux qui s'imaginent que la ferveur de l'âme détruit la sensibilité du cœur? Que l'on ne peut aimer Dieu qu'à la condition de haïr les siens. L'esprit du christianisme n'est qu'amour, et cet amour, qui se répand même sur les indifférents et nous les donne pour frères, devient une religion véritable, dès qu'il s'agit de la famille.

Pour répondre à des objections de cette sorte, pour battre des adversaires ignorants, s'ils ne sont de mauvaise foi, nous avons des preuves irrécusables; ces preuves, nous les tirons de l'esprit même des saints; nous les laissons parler afin de nous instruire; nous mettons à l'école de leur tendresse, de leur dévouement ceux qui, il est vrai, ne se sont point séparés de leur père et de leur mère pour se donner à Dieu, mais qui les ont froissés, attristés, désolés par le spectacle de leurs désordres. Ceux qui ont substitué l'argent à l'affection, qui ont fait de leurs parents des banquiers perpétuels, qui ont calculé la valeur de leur succession pour l'escompter chez les usuriers, qui ont profané le sanctuaire domestique, et n'ont respecté ni leur mère ni leur sœur.

Il n'en manque pas, de ceux-là !

Comme il leur sied d'accuser d'ingratitude celles qui se confinent dans la solitude afin d'y prier Dieu pour ceux qu'elles regrettent, mais qu'elles aiment en Dieu et pour Dieu !

Combien sont attendrissants les regrets qui s'exhalent au pied de la croix.

Nous trouvons une incomparable grandeur dans les douleurs réellement chrétiennes.

On s'aime, on s'aime encore, on s'aimera toujours ! Mais on s'aime mieux et d'une façon plus parfaite !

Voulez-vous savoir comme la sainte fille de la sainte Paula soignait sa mère malade, lisez le panégyriste et l'historien de ces deux femmes :

« ... Eustochie ne bougeait pas d'auprès de son lit elle la rafraîchissait avec un éventail ; elle lui soutenait la tête ; elle lui donnait des oreillers pour l'appuyer ; elle lui frottait les pieds ; elle lui échauffait l'estomac avec ses mains ; elle lui accommodait des matelas ; elle préparait l'eau qu'elle devait boire, en sorte qu'elle ne fut ni trop chaude ni trop froide ; elle mettait sa nappe ; et enfin elle croyait que nul autre ne pouvait, sans lui faire tort, lui rendre le moindre petit service.

« Combien de courses fit-elle du lit de sa mère à la crèche de notre Sauveur?

« Et avec combien de prières, de larmes et de soupirs le supplia-t-elle de ne point la priver d'une si chère compagne, de ne point souffrir qu'elle vécut après sa mort, et de trouver bon qu'elles fussent toutes deux portées en terre dans un même cercueil ! »

Où verrez-vous une peinture plus touchante et plus vraie de cette tendresse, de ces soins, de cette fusion d'âme qui fait que la souffrance de l'une devient la souffrance de l'autre.

Malheureusement, même dans les familles chrétiennes, cette affection si précieuse et si chère fait défaut.

Voyez comme Jérôme s'afflige de la désunion qui règne entre la mère et la fille ; comme il leur donne des conseils, comme il les rapproche, comme il fait valoir tour à tour les droits de la nature et ceux de la religion, quand il s'adresse à la fille d'une veuve des Gaules, qui lui demandait une règle de conduite à suivre par rapport à sa mère !

« Les noms de mère et de fille sont des noms qui n'inspirent que la piété et qui engagent à des devoirs réciproques ; ce sont des liens que la nature même a formés, et qui, après Dieu, unissent les hommes de la façon la plus étroite et la plus tendre.

« Si vous vous aimez, ce n'est pas un sujet de louanges pour vous ; mais c'est un crime si vous vous haïssez.

« Notre-Seigneur obéissait à ses parents, respectant comme sa mère celle dont il était le père ; honorant comme son père nourricier celui qu'il nourrissait lui-même, et se souvenant que l'une l'avait porté dans son sein et l'autre dans ses bras. C'est pour cela, qu'étant attaché à la croix, il recommanda à son disciple cette mère, dont jusqu'alors il avait pris soin lui-même.

« Je ne parle plus ici à la mère qui, étant âgée, faible, abandonnée, peut, en quelque façon, être excusable. Mais vous, qui êtes sa fille, croyez-vous être logée trop à l'étroit dans la maison de celle qui a bien pu vous porter dans son sein. Vous y avez été enfermée pendant dix mois, et vous ne sauriez demeurer un seul jour dans une même chambre avec votre mère.

« Est-ce que vous ne pouvez soutenir ses regards, que vous n'êtes pas bien aise que vos actions soient éclairées par une personne qui, vous ayant mise au monde, nourrie et élevée jusqu'à présent, connaît plus à fond les sentiments et les inclinations de votre cœur ? »

Sans doute, pour s'excuser, la fille a réuni quelques accusations contre sa mère, et les a choisies assez spécieuses pour un sage, pour un confesseur.

Voyez cependant ce qu'il ajoute :

« ... Vous me direz peut-être que votre mère mène une vie peu réglée, qu'elle est passionnée pour le monde, qu'elle aime les richesses, qu'elle ignore le jeûne, qu'elle se farde, qu'elle s'ajuste avec coquetterie; qu'elle nuit à votre genre de vie, et qu'enfin il vous est impossible de vivre avec une personne de ce caractère.

« Premièrement, si elle est telle que vous la dépeignez vous mériterez davantage en demeurant avec elle. Souvenez-vous qu'elle vous a longtemps portée dans son sein et nourrie de son lait; que dans votre enfance elle a supporté vos impatiences avec une douceur et une tendresse dignes d'une véritable mère; qu'elle vous a assistée dans vos maladies; qu'elle a lavé vos langes; et que, malgré les ennuis dont elle était accablée et les peines que vous lui causiez, elle a toujours pris soin jusqu'ici de votre éducation. Ne fuyez donc point la compagnie d'une mère qui, après vous avoir appris à aimer Jésus-Christ, vous a consacré à ce divin époux. »

De quelle pitié ne sommes-nous pas remplis quand nous voyons l'injustice avec laquelle les écrivains profanes tentent de persuader que la religion est la ruine de la tendresse filiale, paternelle et même maternelle. Les sentiments que le Christ éprouva lui-même, peuvent-ils être comptés pour peu par ceux à qui il légua son héritage.

Qui oserait dire que Jésus n'aima pas sa mère? Sans doute, l'on a tâché de travestir l'Évangile, d'en prendre la lettre, d'en supprimer l'esprit, et de convaincre la foule que la foi était l'ennemie de la famille; comment expliquer alors le miracle de Cana, opéré à la prière de Marie, et le soin avec lequel

Jésus lègue un fils adoptif à la mère qu'il abandonne pour retourner au royaume de son Père !

Nous avons cité le passage relatif à Eustochie et à la tendresse qu'elle portait à sa mère. Voyez maintenant de quel amour Paula aimait les enfants que Dieu lui avait donnés. Ils sont toute sa vie après le Seigneur ; si elle se conformait à la volonté divine ce n'était qu'avec mille déchirements.

« Quand on lui donnait avis que quelqu'un de ses enfants était extrêmement malade, comme je l'ai vu, et particulièrement son Toxotius, qu'elle aimait avec une merveilleuse tendresse, elle faisait voir, par sa vertu, l'accomplissement de ces paroles du Psaume :

« *J'ai été troublé, et au milieu de ce trouble je suis demeuré dans le silence.* »

Et comment n'eut-elle point chéris ceux qui venaient du ciel, ceux qu'elle aspirait à y conduire.

Elle renonça au monde, dira-t-on, elle quitta sa patrie, elle s'en alla chercher près de la crèche de Jésus ce qu'elle pouvait trouver à Rome. Qu'en savons-nous ? Ce que nous prouvent les *Lettres*, c'est que cette âme héroïque souffrit, saigna et finit par vaincre !

Mais quelle victoire arrosée de larmes :

« Elle n'avait d'autre passion que de s'en aller seule et sans être suivie de personne, s'il était possible, dans ces déserts où saint Paul et saint Antoine ont fini leur vie.

« L'hiver étant passé et la mer commençant à devenir navigable, elle descendit sur le port. Son frère, ses cousins, ses plus proches, et, ce qui est beaucoup plus que tout le reste, ses enfants même l'accompagnaient, et s'efforçaient, par la compassion qu'ils lui faisaient, de faire changer de résolution à une mère qui les aimait avec une incroyable tendresse.

« Déjà on déployait les voiles, et, à force de rames, on tirait le vaisseau dans la mer : le petit Toxotius joignait les mains vers sa mère sur le rivage, et Rufnia, prête à se marier, la conjurait par les pleurs, ne l'osant faire par les paroles, de vouloir attendre ses noces ; mais Paula, élevant les yeux au ciel sans verser une seule larme, surmontait par son amour pour Dieu celui qu'elle avait pour ses enfants, et oubliait qu'elle était mère, pour se souvenir qu'elle était servante de Jésus-Christ.

« Ses entrailles étaient déchirées, et elle combattait contre ses sentiments, qui n'étaient pas moindres que si on lui eut arraché le cœur ; son affection pour ses enfants était si grande, qu'on ne saurait trop admirer en elle la force qu'elle eut de la surmonter.

« Paula, en oubliant sa passion pour ses enfants, ne trouvait du soulagement qu'en Eustochie, sa chère fille, qu'elle avait pour compagne dans ses desseins et dans son voyage.

« Son vaisseau faisant voile, et tous ceux qui étaient dedans regardant vers le rivage, elle en détourna les yeux pour n'y point voir des personnes qu'elle ne pouvait voir sans douleur ; car j'avoue que nulle autre mère n'a tant aimé ses enfants, auxquels, avant de partir, elle donna tout ce qu'elle avait, ne réservant rien pour elle, et se déshéritant elle-même sur la terre, afin de trouver un héritage dans le ciel. »

Et, comme s'il n'en avait point assez dit sur cette mère admirable :

« Elle était très-tendre de la perte de ceux qu'elle aimait, se laissant abattre et tomber dans l'affliction quand elle apprenait la mort de ses proches, et particulièrement de ses enfants, comme il parut à celle de son mari et de ses filles; car, bien qu'elle fît le signe de la croix sur sa bouche et sur son cœur pour tâcher d'adoucir, par cette impression sainte, la douleur qu'elle ressentait comme femme et comme mère, son affection demeurait la maîtresse, et ses entrailles étant déchirées, elles accablaient la force de son esprit par la violence de leurs sentiments.

« Ainsi son âme se trouvait en même temps et victorieuse par sa piété et vaincue par l'infirmité de son corps, ce qui la faisait tomber dans une langueur qui durait si longtemps, qu'elle nous mettait dans de très-grandes inquiétudes, et qui la conduisaient aux portes de la mort. »

Elle en éprouvait de la joie, et disait presque sans cesse :

« — Misérable que je suis, qui me délivrera de ce corps de mort? »

Nous avons cité plus haut le nom de Toxotius, son fils; voyons combien, jusque dans sa vieillesse la plus avancée, elle demeure bonne, douce, tendre, et mère dans la sainte et immense acception de ce mot :

« ... De quelle joie Paula fut touchée lorsqu'elle sut que Paula, sa petite-fille et fille de Toxotius et de Léta, qui l'avaient eue ensuite du vœu qu'ils avaient fait de consacrer sa virginité à Dieu, commençait dès le berceau, et au milieu des jouets avec lesquels on l'amusait, à chanter *alleluia* d'une voix encore bégayante, et à prononcer à demi les noms de sa grand'-mère et de sa tante.

« Rien ne lui faisait penser à son pays que le désir qu'elle avait d'apprendre que son fils, sa belle-fille et sa petite-fille eussent renoncé à toutes les choses du siècle pour se donner entièrement au service de Dieu, ce qu'elle obtint en partie, car sa petite-fille est destinée à prendre le voile qui la consacrera à Jésus-Christ, et sa belle-fille, ayant fait vœu de chasteté, imite, par sa foi et par ses aumônes, les actions de sa belle-mère, et s'efforce de faire voir dans Rome ce que Paula a pratiqué à Jérusalem. »

Voilà ce qu'étaient, à l'école des grands saints, les filles, les mères et les aïeules ; aussi, voyez quelle désolation quand vient à mourir cette femme, qui fut grande entre toutes :

« ... Eustochie, qui se voyait comme sevrée de sa mère, selon le langage de l'Écriture, ne pouvait souffrir qu'on la séparât d'avec elle : elle lui baisait les yeux, elle se collait à son visage, elle l'embrassait, et elle eut désiré d'être ensevelie avec sa mère... ».

C'est ainsi que l'on aime, quand on aime en Dieu...

La vie de madame de Lendeven fut en danger.

On appela un prêtre.

Nous avons dit qu'elle avait la foi, une foi de raison, d'habitude, une foi qui lui inspirait une irréprochable conduite; mais qui, nous l'avons vu par la façon dont elle éleva Stylite, ne tendit jamais à développer les facultés de son cœur.

Ce qu'elle croyait juste pendant qu'elle se portait bien lui sembla découler d'un esprit mauvais, d'une intention hostile, dès que la maladie étendit sa main cuisante sur elle.

Madame de Lendeven avait trop le sentiment du vrai, et possédait, en dépit de ses défauts, une conscience trop droite pour ne point s'avouer qu'elle éprouvait autre chose qu'un accident vulgaire. Elle vit l'action de la Providence dans le malheur qui suspendait le mariage de Stylite.

Dès-lors elle eut à la fois hâte et frayeur de voir un prêtre.

Il lui faudrait être franche devant lui, car l'on ne saurait impunément mentir au Saint-Esprit.

Et qui sait ce que le prêtre ordonnerait?

De rompre le mariage de Stylite, peut-être!

Mais alors la ruine retombait sur la maison!

Pendant trois jours elle se débattit, luttant contre l'ange.

A la fin, la chrétienne vainquit la femme.

Le prêtre, mandé par elle, accourut.

Sa parole fut austère.

Il la jugea, il la condamna presque.

Il lui fit comprendre quel compte elle aurait à rendre à Dieu si sa fille, qui paraissait faite pour la vie monastique, cédant à une obéissance dont on lui avait fait un devoir, acceptait un autre état que celui auquel elle semblait appelée, et faillit plus tard aux obligations d'une vie qu'elle acceptait dans une heure d'aveugle héroïsme.

Madame de Lendeven reconnut sa faute, elle s'en humilia devant Dieu; elle promit de rendre à Stylite sa liberté, de la laisser partir quand elle le voudrait pour le couvent; puis, se sentant de plus en plus faible, elle demanda les derniers sacrements.

Ce fut une lugubre et touchante cérémonie.

Stylite voulut que l'on déployât ce jour-là toutes les recherches d'un luxe pieux.

La chambre de sa mère, tendue de draperies blanches, étincelait de bougies; sur un autel dressé comme un reposoir était le beau christ d'ivoire, héréditaire dans la famille, et que les femmes se transmettaient religieusement.

Toute la maison assista à la cérémonie.

Quand le prêtre fut là, que le ciboire eût été placé sur l'autel, avant de recevoir une absolution suprême, madame de Lendeven attira près de son lit son mari et sa fille.

— Si je meurs, ne m'oubliez pas, dit-elle; si je vis, pardonnez-moi...

Le père et la fille fondaient en larmes.

— Mon ami, reprit la malade, Dieu m'a punie pour avoir voulu substituer ma volonté à la sienne... Je rends à Stylite la permission de disposer de sa vie, et je te prie, si tu m'aimes, de prononcer le vœu de l'autoriser à entrer en religion, si Dieu me rend la santé!...

— Je le jure, dit M. de Lendeven.

Stylite baisa en pleurant la main de sa mère.

— Oh! vous vivrez! dit-elle.

— Je le crois, Dieu te veut!

— Soyez bénie comme vous êtes aimée, murmura Stylite.

Madame de Lendeven reçut la communion, demeura une heure plongée dans un recueillement profond, puis elle s'endormit, doucement, paisiblement.

Quand le médecin revint, il déclara que la malade était sauvée.

M. de Lendeven écrivit à M. Sauvage une lettre digne, expression vraie des sentiments de son cœur.

Le jeune homme n'essaya point de lutter contre Dieu; il annonça qu'il partait pour un long voyage, et pria M. de Lendeven de l'estimer et de l'aimer assez pour garder jusqu'à son retour les fonds qu'il avait placés chez lui.

Un mois plus tard, madame de Lendeven complètement guérie, arrivait, par un beau soir de printemps, dans la petite ville de Laval.

XLVIII

Stylite et sa mère, toutes deux recueillies et graves, se dirigèrent vers le couvent des Trappistines.

La cloche tintait doucement...

Le cloître était paisible, désert...

Madame de Lendeven demanda la supérieure.

— Veuillez attendre un instant, répondit la sœur tourière, toute la communauté est à la chapelle...

— Pour l'office ?

— Non madame... une de nos sœurs vient de rendre son âme à Dieu, on l'a exposée dans la chapelle...

Stylite sentit une vive angoisse.

— On l'appelait ? demanda-t-elle.

— Sœur Sainte-Austreberthe.

La jeune fille posa ses deux mains sur sa poitrine et étouffa un cri de douleur.

— Pouvons-nous entrer dans la chapelle ? demanda-t-elle.

La tourière la précéda silencieusement.

Une ombre douce, étoilée par la lueur des cierges, enveloppait l'autel, les grilles, les stalles...

La Trappistine, vêtue de ses habits de bure, les mains croisées sur sa poitrine, les pieds joints, la tête ceinte de roses, reposait sur une natte de paille roulée sous sa tête pâle.

Un sourire d'une angélique béatitude errait sur ses lèvres décolorées...

Ses yeux clos paraissaient voir au-delà de ce monde...

Ce n'était point une morte, mais une habitante d'un autre monde, d'un monde meilleur...

Stylite se prosterna et baisa ses pieds nus.

— Vous me voyez, lui dit-elle, vous me reconnaissez du haut du ciel pour votre enfant et votre fille... La place que vous laissez vide, je n'ai point l'orgueil de croire que je la remplirai ; mais enfin, par une grâce que vous m'avez méritée sans doute, je veillerai, je prierai, j'expierai aux lieux où vous avez expié et prié... Me voilà ! et vous ne pouvez me tendre les bras ! ni me répondre ! Dieu n'a même pas voulu que ce dernier lien de la terre me restât dans sa maison... Quand je vous quittai vous m'avez dit : adieu ! et vous êtes retournée vers le divin Maître avant de m'avoir pris la main pour me présenter à lui... O mère ! c'est votre enfant ! ô sainte ! c'est votre fille et votre disciple !

Elle pria, elle pleura...

Elle entendait chanter autour d'elle des cantiques

d'action de grâce, mais un dernier déchirement se faisait encore en elle...

La supérieure l'accueillit avec effusion. Elle se souvenait de la lettre qu'elle avait reçue...

Stylite fut immédiatement admise au nombre des postulantes.

Son noviciat commença bientôt.

Elle s'élançait dans les sentiers de la ferveur avec un zèle qu'admiraient ses sœurs, ses compagnes; elle ouvrait toutes grandes les ailes de son cœur pour aller rejoindre le Bien-Aimé...

Sa mère la quitta, comprenant enfin qu'une semblable créature n'était pas faite pour le monde, et qu'elle devait se consoler de s'en séparer, par la pensée que dans les sentiers vulgaires le bonheur lui eût été impossible.

Victorine écrivit de longues lettres à la novice; elle devait, dans six mois, entrer chez les sœurs de Charité et commencer son apostolat.

Ces deux âmes, l'une naïve, l'autre élevée, s'entendaient toujours au pied de la croix, et c'est le propre de la religion de faire que les forts aiment les faibles, et ceux qui sont instruits les ignorants.

Stylite, à partir de ce jour, se perdit en Dieu.

Les vies semblables à celle qui devint sa vie se résument en deux mots : intercéder et souffrir !

L'intercession, parce que le Sauveur a dit : *Demandez et vous recevrez.* La souffrance, parce que *s'il fallait que le Christ souffrît afin qu'il entrât dans sa gloire,* ceux qui tiennent à honneur d'être ses disciples, doivent comme lui, vaincre à la fois la chair aussi bien qu'ils ont vaincu le Prince du monde.

Nous savons que, sur ce point, nous serons encore moins compris que sur tous ceux qui touchent aux précédentes questions religieuses que nous avons traitées. Les ordres actifs sont tolérés ; les ordres contemplatifs ne sont pas compris. Pour en juger l'opportunité, la nécessité, il faut pénétrer dans l'essence même du catholicisme et se débarrasser des préjugés que l'on ne s'est jamais sans doute donné la peine d'approfondir.

Quand on ouvrira notre livre, on s'attendra peut-être à y trouver un historique des ordres religieux, une étude sur les communautés de femmes. Bien des ouvrages de ce genre existent, sinon complets, du moins suffisants. Nous voulions avant tout faire comprendre l'esprit des communautés religieuses, l'influence qu'elles exercent sur l'éducation, sur la société.

Pour cela, il ne fallait pas inventer, mais raconter simplement la vérité ; prendre une âme et faire assister à son développement, à son épanouissement ; ce que l'imagination trouve trop facilement, ne vaut jamais ce que le cœur a senti, ce que l'on a pu étudier et voir.

Nous avons voulu écrire des pages que les couvents pussent aimer, parce qu'elles ont tenté de les peindre ; des pages qui les rendissent sympathiques à la famille, en enlevant quelques préventions qui ont pu se glisser dans quelques-unes, sur la foi d'écrivains mal renseignés.

Nous n'avons point voulu composer un volume érudit, et pourtant nous avons fait des citations.

Les citations des Pères sont le ciment des livres possédant le caractère religieux.

Enfin, de cette œuvre, nous avons fait surtout un *ex-voto*, une couronne : Dieu sait, et les anges voient...

XLIX

Stylite, prosternée à terre, a été recouverte d'un linceul; sa voix, tremblante d'émotion, a prononcé les vœux qui la lient au Christ pour jamais. Madame de Lendeven accepte son sacrifice, et la paix, que les prières ne demandent jamais en vain, repose sur sa maison comme sur elle, et enveloppe le couvent des Trappistines.

FIN.

LIBRAIRIE DE C. DILLET

15, RUE DE SÈVRES, 15

OUVRAGES DE M. RAOUL DE NAVERY
13 VOL. IN-12 — 22 FRANCS (FRANCO).

Les livres de M. Raoul de Navery sont connus d'un nombreux public. On les trouve sur la table de la famille aussi bien que dans la bibliothèque de paroisse; toute la presse religieuse en a fait l'éloge, le *Monde*, la *Biographie catholique*, l'*Union*, la *Gazette de France*, les *Villes et Campagnes*, la *Semaine des Familles*, l'*Observateur du dimanche*, le *Messager de la Semaine*, le *Journal des Demoiselles*, etc. Voici ceux qui ont paru :

Viatrice. Souvenirs des missions de l'abbé de Breteuil et de sa sœur. 1 vol. in-12. — 2ᵉ édition.   1 fr. 75

L'auteur expose ainsi l'objet de son livre : « Nous avons tenté de peindre l'existence du missionnaire conversant avec Dieu dans le silence des forêts vierges, assez patient pour endurer le martyre, assez fort pour supporter la vie après avoir tendu les bras aux chaînes et s'être senti enveloppé des flammes du bûcher. A côté de l'austère figure de l'apôtre, nous avons placé Viatrice, ange terrestre envoyé à la terre comme un vivant symbole de pureté, de sacrifice, de consolation. » Nous engageons à lire *Viatrice*; on trouvera que le programme de M. Raoul de Navery y est heureusement rempli.   (*Monde.*)

Récits consolants, 1 vol. in-12.   1 fr. 75

C'est un recueil tout actuel, une statistique des actes nobles et vertueux accomplis de notre temps et dont le bon exemple résulte inévitablement. C'est tout à fait un livre bon à lire et à propager.   (*Journal des Demoiselles.*)

Nouvelles de charité, 1 vol. in-12.   1 fr. 50

Quelque chose de vraiment nouveau, et qui ne se traîne pas dans les voies battues; des scènes qui se passent sous toutes les zones, et dont les héros sont placés dans les situations les plus diverses. L'auteur a surtout pour objet de montrer l'influence des œuvres, des institutions catholiques pour combattre la douleur, cette condition de l'épreuve ici-bas, mais que la charité ingénieuse et persévérante a pour mission d'adoucir.
    (*Monde.*)

Monique la Savoisienne, 1 vol. in-12.   1 fr. 50

L'apostolat de la jeune fille au sein de la famille est le sujet de ce récit; des scènes touchantes, des descriptions pittoresques de la riche nature du Chablais donnent un vif intérêt à cet ouvrage, qui s'adresse surtout aux femmes, car c'est un cœur de femme, aussi pur que dévoué, que l'auteur a voulu peindre.   (*Journal des Demoiselles.*)

L'Ange du bagne, 1 vol. in-12. 2 fr. »»

C'est l'histoire émouvante d'un homme, victime d'une erreur judiciaire, condamné au bagne pour un crime qu'une réunion fatale de circonstances semblait faire peser sur sa tête, tandis que le vrai coupable, le frère du condamné, échappait aux poursuites de la justice. Se réfugiant dans les bras du Dieu du Calvaire qui, avant lui, malgré son innocence bien connue, avait été condamné au supplice des infâmes, ce malheureux, qui, à son entrée dans le bagne, était à peine à la fleur de l'âge, sut donner au bagne un exemple sublime de vertu et de courage.

L'*Ange du bagne*, c'est d'abord le prêtre qui dévoue sa vie au service de semblables infortunes, mais c'est aussi le forçat dont l'auteur trace la vie exemplaire. Ce livre, plein de scènes dramatiques, est bien propre à toucher les cœurs et à y exciter, avec une pitié profonde pour les malheureux que la justice a frappés, le courage de la vertu dans tous les états et une admiration sans bornes pour ces prêtres dévoués qui se font les consolateurs et les réparateurs de si grandes misères.

(*Revue des Bibliothèques d'Avignon.*)

Légendes d'Allemagne, 1 vol. in-12. 1 fr. 50

Nous sommes complètement heureux, aujourd'hui, de pouvoir donner au volume qui vient de paraître sous ce titre, *Légendes d'Allemagne*, une approbation entière et sans réserve. Il est impossible de lire, sans une émotion profonde, des récits empreints, il est vrai, de ce mysticisme rêveur et poétique de l'Allemagne, mais remplis de tant de foi, d'un sentiment religieux si réel. Les vingt-trois nouvelles que renferme ce recueil sont toutes sœurs pour ce qu'on se plaît à nommer aujourd'hui la couleur locale; mais elles sont toutes d'un intérêt puissant et varié. Celle qu'on lit est toujours celle qu'on préfère, aussi n'oserions-nous faire un choix. (*Observateur du Dimanche.*)

L'abbé Marcel, 1 vol. in-12. 2 fr. »»

Voici un tableau de notre époque : le pauvre curé de village, au milieu d'une population ignorante et grossière, s'épuisant en efforts, trop souvent inutiles, pour la civiliser et la moraliser, et n'étant secouru dans ce labeur, aussi noble qu'ingrat, que par une jeune fille qui consacre au bien toutes les facultés d'une intelligence brillante et les dons d'une grande fortune. C'est une sœur de *Monique* et de *Viatrice*, placée dans un milieu plus accessible et pouvant, par conséquent, exercer sur l'esprit des jeunes lectrices une plus salutaire influence.

(*Journal des Demoiselles.*)

Le chemin du Paradis, 1 vol. in-12. — 2ᵉ édition. 2 fr. »»

Le *Chemin du Paradis* prend son nom au titre de sa première histoire ; toutes sont touchantes et de l'intérêt le plus saisissant. Ah! quand on lit ces nouvelles si attachantes, si parfaitement morales, on s'étonne qu'il existe des hommes voués au mal, négligeant une mine si riche, si inépuisable, et

au lieu de chercher à élever l'esprit, à remplir le cœur de douces émotions, s'appliquent à pervertir les âmes, à perdre les consciences. — Le *Chemin du Paradis* va glorieusement prendre sa place avec les *Légendes d'Allemagne, Monique, l'Abbé Marcel* : le progrès de l'auteur a été constant.
(*Observateur du Dimanche.*)

Aglaé, 1 vol. in-12.   2 fr. »»

Aglaé est peut-être, de toutes les publications de l'auteur, celle où il montre les plus grandes qualités comme écrivain : science et sentiment y abondent, et le style enchaîne l'œuvre dans une forme qui séduit et entraîne.

L'antagonisme des cultes païen et chrétien, la persécution ordonnée par Dioclétien à l'instigation de Galérius, engendrent des péripéties émouvantes. L'épisode de Claudia, la vestale infidèle qui, déchue, se relève dans l'innocence de la foi nouvelle, est un trait hardi mais heureux ; celui de Genès le comédien, qui parodie les douleurs et la constance des persécutés, et, tout à coup se proclamant chrétien, passe de l'imitation dérisoire de la scène à la sanglante réalité du martyre ; enfin Aglaé, l'opulente reine de Rome, et son intendant Boniface, s'avouant, après avoir épuisé la coupe des voluptés terrestres, que leur cœur est vide et leur amour impuissant, allant dans les Catacombes demander au divin Pendu du Calvaire ce que n'ont pu leur donner les superbes divinités de l'Olympe ; couronnant leur sacrifice, l'une par une vie de renoncement, l'autre par la mort dans les tortures de l'amphithéâtre, sont des tableaux grandioses qui captivent et passionnent.   (*Ruche parisienne.*)

Avocats et paysans, 1 fort vol. in-12. — 2ᵉ édition, 2 fr. »»

Charmant récit qu'on peut mettre entre toutes les mains ; œuvre de fantaisie contenant une pensée profondément morale, histoire malheureusement dix fois faite, mais toujours à refaire, de ces jeunes gens déclassés de notre époque, que la sottise de leur parents mène, dès l'enfance, vers l'abîme où ils finissent par tomber.

Ouvrage qui ne saurait trop être analysé, mais qu'il faut lire et faire relire, parce que chacun y trouvera un bon conseil, une utile leçon, un sage et consolant exemple. Félicitons l'auteur, qui n'est pas à son premier succès ; ces livres-là consolent souvent de bien d'autres.   (BARBAT DE BIGNICOURT.)

Le choix d'une femme, 1 vol, in-12.   1 fr. 50

Dire que ce volume est signé Raoul de Navery, c'est en garantir le mérite. On y retrouve en effet toutes les qualités si précieuses de ses autres ouvrages, morale pure et douce, intérêt soutenu, style élégant et ferme. Tous sont d'une lecture attachante et surtout sans danger. Aussi l'Œuvre de Saint-François-de-Sales en a adopté toute la série pour ses distributions de bons livres, principalement pour les bibliothèques d'hôpitaux ; de patronage et de paroisses ; et ils ont été appréciés par

MM. les Curés, les Aumôniers et Directeurs de ces utiles établissements. (*Observateur du Dimanche.*)

Le choix d'un mari, 1 vol, in-12. 1 fr. 50

Ce volume fait le pendant de son prédécesseur; mêmes qualités, même intérêt, même dénouement moral.

Voyage dans une église, 1 vol. in-12. 2 fr. »

Un jeune homme, éloigné des pratiques religieuses, entre un jour dans une église pour s'abriter contre la pluie ; il parcourt avec insouciance la maison de Dieu ; mais les diverses cérémonies qui s'y accomplissent en ce moment, et les objets sacrés qui la décore, la piscine baptismale, le bénitier, les autels, la chaire, le confessionnal, la table sainte réveillent en lui des souvenirs et des impressions d'enfance qui amènent son retour sincère au Dieu de sa mère et de sa sœur.

Sur ce thème simple et riche en même temps, M. Raoul de Navery, l'un de nos bons écrivains, a brodé de charmants récits, de poétiques descriptions qu'il a su à propos émailler de pensées sérieuses et utiles. Nous recommandons ce livre pour les bibliothèques paroissiales, il peut faire du bien à quelques esprits forts de nos chefs-lieux d'arrondissement.

(*Semaine catholique de Toulouse.*)

OUVRAGES DE Mme MARY.

Immolation, 1 beau vol. in-12. 1 fr. 50

Nul livre, assurément, ne mérite mieux son titre que celui-ci. C'est, en effet, la plus complète immolation de tous les sentiments, de toutes les affections, et nulle part on ne trouvera peint, avec plus de chaleur et de vérité, l'héroïsme d'une vertu qui s'est toujours sacrifiée pour accomplir ses devoirs.

Mis DE ROYS.

Deux Voies, 1 très-joli vol. in-12. — 2e édition. 1 fr. 50

C'est la comparaison, ou plutôt l'opposition, de deux existences, l'une toute d'amour, de dévouement ; l'autre d'exaltation, de dissipation, d'oubli de Dieu. Mais, grâce aux prières de l'austère mais douce et sainte fille, la femme mondaine et égoïste, ramenée d'abord à l'amour du prochain, finit par se donner tout entière à Dieu, et jeune encore passe d'une vie folle à l'existence la plus sérieuse et la plus utile. Excellent livre à mettre entre les mains de tout le monde !

OUVRAGES DE Mlle FLEURIOT.

Ève, 1 joli vol. — 2e édition. 2 fr.

Ce livre contient six récits : *Eve de Ponternac*; *Heur et Malheur*; *le Fou du Bois*; *la Dernière Cause*; *Ce qui console*, *la Première Visite*. Dans chacun d'eux, l'auteur n'a jamais d'autre but que celui d'intéresser vivement l'esprit de ses lecteurs en montrant de plus en plus la nécessité de la religion dans toutes les phases de la vie.

Sans Beauté, 1 vol. in-12. — 2e édition. 2 fr.

Ce livre de Mlle Fleuriot est beaucoup de supérieur; les traits de la vie réelle prise sur le fait y abondent, mais avec leur raison d'être; c'est le cœur qui les a tracés, et, à leur tour, ils vont remuer les fibres du cœur. Comme ces émotions sont vraies et naturelles : en vérité, si l'héroïne est *sans beauté*, le livre est charmant, il plaira et attendrira; il fera rire et pleurer; il charmera la jeune fille et la femme du monde. Nous ne pouvons que complimenter l'auteur et l'éditeur. (*Bibliographie catholique.*)

Yvonne de Coatmorvan, 1 très-beau vol. in-12. 2 fr.

Un intérêt, mais bien vif et bien saisissant, s'attachera pour tous les lecteurs au nouveau roman de Mlle Fleuriot (Anna-Edianez). C'est un drame intime écrit avec ce charme et cette sensibilité vraie qui ont valu à son auteur de nombreux succès. L'action se passe au moment où la Vendée fut, en 1832, le théâtre d'une lutte courte mais brillante. Ces détails, admirablement racontés, vaudront à *Yvonne de Coatmorvan* un légitime succès. On y trouvera aussi une peinture vive et animée de ces vieilles mœurs de la Bretagne, que les chemins de fer et un contact plus intime avec Paris tendent à faire disparaître.

Mis DE ROYS.

Les Mémoires d'un Bébé, par Mme Marie de Bray. 1 joli vol. illustré. 2 fr.

Les Mémoires d'un Bébé sont parfaitement dignes de leurs aînés. Avertissons que le *Bébé* est une charmante poupée achetée pour faire un lot dans une loterie de charité, échue en partage à une vieille et sainte fille, qui en fait hommage à la fille un peu trop gâtée d'une femme qui l'aide dans ses bonnes œuvres. Mais nous ne voulons pas gâter le plaisir qu'on trouve à lire cette histoire, où l'on retrouvera avec plaisir le talent et l'excellent esprit de Mme de Bray. Mis DE ROYS.

OUVRAGES DE M. F. NETTEMENT.

Histoire Populaire de Louis XVII, 1 beau vol. in-12. 2 fr.

Dans ce livre, l'auteur raconte les aimables qualités du royal enfant. Il s'arrête avec amour sur ses belles années qui durèrent si peu, sur ce paradis de l'enfance qui fut plus court pour lui que pour les autres. Il l'aime, il le fait aimer; il montre les développements de ce beau lis, qui réjouissait les yeux par son éclat, le cœur par le parfum de ses vertus naissantes. Charmant enfant, d'un esprit si vif, d'une âme si tendre, d'un caractère si droit, d'un amour si grand pour sa mère, que la reine infortunée se regardait encore, quoique au Temple, comme la plus heureuse des mères.

Cet ouvrage convient donc à toutes les familles honnêtes, d'autant plus qu'il est court, substantiel, sans récrimination aucune, sans déclamation, d'une lecture rapide, d'un format commode et à bon marché. (*Union* du 5 janvier.)

Le Cheval Blanc, 1 beau vol. in-12. 2 fr.

Nos lecteurs se souviennent sans doute de l'intéressante légende du *Cheval Blanc*, empruntée à la littérature irlandaise, et qui a paru dans nos colonnes. M. Francis Nettement y a ajouté d'autres légendes de même provenance, les récits de *Paddy*, la légende de *la Truite blanche* et quelques autres. De tout cela est résulté un livre d'une lecture agréable, qui plaît à l'imagination et qui éveille de bons sentiments. Les fées, qui jouent, on le sait, un grand rôle en Irlande, jouent naturellement aussi un grand rôle dans ce petit volume. Paddy a vu les fées comme je vous vois, quoiqu'il n'ait jamais osé les regarder, et il vous en dira long à ce sujet, si vous l'interrogez; Paddy est un fin compère que rien n'étonne, pas même les chasseurs qui ont tué dans la matinée vingt lièvres, car il se trouve par hasard avoir tué ce jour-là, lui-même, cent cinquante lapins. J'ai toujours pensé qu'un fleuve, cousin germain de la Garonne, existait dans les plaines de la verte Irlande. Je crois qu'après avoir lu ce petit livre vous serez de mon avis, et c'est un attrait de plus :

Si *Peau-d'Ane* m'était conté,
J'y prendrais un plaisir extrême.

(*Semaine des Familles*.)

Histoires et Légendes Irlandaises, 1 vol. in-12. 2 fr.

Le nom seul de l'auteur indique assez que ces chroniques et légendes sont dignes d'intérêt et écrites dans un style attachant. Elles sont une imitation, appropriée au goût français, des contes si originaux de Lover, qui, sous une forme attrayante, font connaître l'Irlande, le caractère de ce grand peuple, d'où est sorti l'immortel O'Connel. Ce livre est fait pour tous les lecteurs, c'est assez dire qu'il convient à nos Bibliothèques paroissiales. (*Revue des Bibliothèques paroissiales*.)

VIENNENT DE PARAITRE :

Madagascar et ses deux premiers évêques, par M. Maupoint, évêque de Saint-Denis (île de la Réunion). Deux vol. in-12. Prix : 4 fr. — Le tome Ier, Mgr Dalmont, 2 fr.; le tome IIe, Mgr Monnet, 2 fr.

La plus lointaine des possessions françaises, l'île de *la Réunion*, est fort peu connue de nous; on ignore en effet qu'elle est un des plus beaux pays du monde, et qu'elle renferme plus de 200,000 habitants ; ce qu'on connaît beaucoup moins encore, c'est le progrès toujours croissant de la colonie sous le rapport religieux. On lira donc avec plaisir l'ouvrage que vient de faire paraître Mgr Maupoint, sous le titre de *Madagascar et ses deux premiers évêques*.

Retenu en France par une longue maladie, le vénérable prélat, notre illustre compatriote, n'a pas cru devoir mieux charmer ses loisirs forcés qu'en écrivant la vie de deux prêtres de son diocèse qui se sont distingués par de grandes vertus et un zèle apostolique au-dessus de tout éloge. Le premier, Mgr Dalmont, est né à Albi ; le second, Mgr Monnet, à Cambray. Sans doute que dans ces deux diocèses on se disputera la lecture de ces volumes, où respire un si grand parfum d'édification et de dévouement sacerdotal ; mais, pour les lire avec intérêt, il n'est pas nécessaire d'avoir connu ces saints personnages et d'être lié avec eux par les liens du sang et de l'amitié, les catholiques ne sont-ils pas tous de la même patrie ? les apôtres, les saints ne sont-ils pas quand même nos compatriotes, nos amis et nos frères ? *Madagascar et ses deux premiers évêques* conviennent donc à tout le monde. (*Monde.*)

Les Serviteurs des hommes, par G. de Cadoudal, un joli vol. in-18. — Prix : 2 fr.

L'éditeur C. Dillet a également publié un beau volume de notre ami M. de Cadoudal, intitulé les *Serviteurs des hommes*. Ce sont des notices sur quelques personnages qui ont rendu d'éminents services à l'humanité, et d'abord de Christophe Colomb, dans lequel nous ne savons ce qu'on doit le plus admirer de l'homme de génie qui a doté ses contemporains d'un monde nouveau où du pieux chrétien rapportant tout à Dieu, plus grand peut-être dans l'infortune que dans la prospérité. Nous avons été un peu surpris de le voir suivi de Franklin, qui nous a toujours un peu semblé le type du véritable *Yankee*, infatigable lutteur contre la fortune, et s'élevant par sa constance et son travail ; mais nous avons été charmés d'y trouver les notices de la célèbre sœur Marthe Biget, de Madame Molé, mère de celui que nous avons vu ministre sous le premier Empire, sous la Restauration et sous Louis-Philippe, et de cette charmante princesse Borghèse, morte à vingt-deux ans, également pleurée par les pauvres dont elle était la bienfaitrice, et de l'aristocratie romaine dont elle était le plus bel ornement. Le volume se termine par une notice sur Leclère d'Aubigny, mort si jeune, et une sur le regrettable et toujours regretté Charles de Riancey, après celle du pieux et humble abbé Jean-Marie de la Mennais. On peut juger de l'intérêt de cette lecture (*Observateur du Dimanche.*)

Léandre et Hermigild, ou la régénération de l'Espagne, par l'abbé Geiger, 2 beaux vol. in-12. 4 fr.

C'est le tableau exact et dramatique des tristes événements qui précédèrent la disparition de l'arianisme en Espagne et la conversion définitive des Visigoths à la foi catholique. Le plan principal de ce tableau est occupé par le martyre de saint Herménégild, dont saint Grégoire-le-Grand a écrit : « La mort d'un seul, chez les Visigoths, a donné la vie à tout un peuple. » « Rien de plus intéressant que cet ouvrage, qui sera lu, sans aucun doute, autant que *Fabiola*. » (*Messager de la semaine*.)

Les Hommes noirs, par A. Delaporte, auteur du *Diable*. — Prix : 1 fr.

Question bien posée, question résolue. La presse impie poursuit les prêtres de ses aboiements. Voici qu'un de ces *hommes noirs* se place, les bras croisés, l'œil fermé, devant tous ces insulteurs, et pose devant la conscience publique la vraie question.

« Qui de vous, brochuriers et journalistes, et de nous, prêtres catholiques, offre les meilleurs titres à la confiance publique? » Alors, avec une logique nerveuse, assaisonnée d'esprit gaulois, l'habile polémiste prouve que le clergé catholique ne pouvant être dans son ensemble, ni un ramas de pieux imbéciles, ni une légion de charlatans, est un corps divinement institué pour présider au gouvernement de la société religieuse. Puis, dans une seconde partie, qui est la plus piquante, les rivaux, les *Prêtres en paletot*, sont pris à partie, très-courtoisement bernés, ou, si l'on veut, réduits à leur valeur. L'avant-dernier chapitre, intitulé : *la Vengeance des prêtres*, est de la plus émouvante éloquence. En somme, ce petit livre est le plaidoyer le plus opportun que nous sachions en faveur de ce clergé plus attaqué que jamais, et plus que jamais nécessaire au monde, qui, sans lui, retournerait à la barbarie.

BIBLIOTHÈQUE CHOISIE.

Très-beaux vol. in-12. — 2 fr. chacun.

La Cendrillon du Village, par Raoul de Navery.
Histoire Naturelle de la France, par Ysabeau.
Nouvelles et Voyages, par Antonin Rondelet.
La Bulgarie Orientale, par le docteur Allard.
Histoire d'un Village, par le vicomte de Melun.
Un Médecin sous la Terreur, par M. Lafond.
Les Echelles du Levant, par le docteur Allard.
Voyages en Bretagne et en Grèce, par Serbois.
Nouveau Manuel d'Agriculture, par une société d'agronomes.
Hygiène et Économie domestique, par Ysabeau.

MÊME LIBRAIRIE

La Carmélite, par le R. P. Félix. — Un joli vol. in-18. —
Prix : 1 fr.

    Le R. P. Félix, de la Compagnie de Jésus, vient de publier sous ce titre un discours qui fut prononcé deux fois, d'abord dans l'église Sainte-Clotilde, à Paris, au mois de février 1862 ; puis dans l'église Saint-André, à Lille, au mois d'avril 1864. Il serait difficile de faire mieux ressortir la signification chrétienne et sociale de la grande institution du Carmel. L'éminent religieux nous montre dans la vie du Carmel ce qu'il y a de plus consolateur et de plus salutaire dans l'humanité, la pratique du sacrifice et une réaction efficace contre les désordres qui corrompent la société de nos jours et les grands courants du mal qui nous emportent à l'abîme. « Quiconque souffre volontairement, dit le P. Félix, enlève une souffrance à quelqu'un. Qu'ils sont donc aveugles ceux qui déversent le sarcasme sur ces touchantes victimes expiatrices, occupées nuit et jour à alléger le fardeau sous lequel ploie notre faiblesse ! Heureusement que l'admiration et la sympathie prennent le plus souvent la place du dédain. » La France compte plusieurs carmels. C'est peut-être, comme le dit l'auteur, le résultat d'une mutuelle attraction entre une nation naturellement généreuse et un ordre qui présente l'idéal de ce qu'il y a de plus généreux au monde, l'idéal du sacrifice chrétien. Cet opuscule, d'un style vraiment oratoire, est fait pour inspirer de sublimes pensées et d'héroïques résolutions.

LÉONCE DE LA RALLAYE.

La Bienheureuse Marguerite-Marie Alacoque, religieuse de la Visitation de Sainte-Marie, et la Dévotion au Sacré-Cœur de Jésus, par M. L.-F. Guérin, rédacteur en chef du *Mémorial catholique*, etc. — Un joli vol. in-18 raisin. —
Prix : 4 fr. 25 c.

    « M. L.-F. Guérin, membre de l'Académie de la Religion catholique de Rome, s'est proposé de faire connaître l'intérieur de cette âme héroïque, en joignant au récit des événements et des tribulations auxquelles elle fut en proie une étude approfondie des sentiments qui l'animaient. Ce livre, qui porte l'empreinte d'une piété profonde et douce, produit une vive et durable émotion… La dévotion au Sacré-Cœur, que Marguerite-Marie eut pour mission de propager, est aussi l'objet de cet opuscule. M. Guérin considère à bon droit la béatification de la religieuse de Paray-le-Monial comme le plus puissant des encouragements à pratiquer cette admirable dévotion, et en quelque sorte comme une consécration solennelle. Il fait ressortir la providentielle opportunité de cette déclaration, et en tire les conséquences applicables à notre temps. »

(*Le Monde.*)

La Grande Vie de Jésus-Christ. — LUDOLPHE le Chartreux. — Traduction nouvelle et complète, par D. Marie-Augustin. — 6 beaux vol. in-8°. — Prix : 36 fr.

    Cet ouvrage est, sans contredit, le plus beau qui ait été publié sur la vie du Sauveur des hommes ; il est honoré des suffrages de l'Archevêché de Paris et précédé d'une magnifique lettre du R. P. Félix à l'éditeur.

www.ingramcontent.com/pod-product-compliance
Lightning Source LLC
Chambersburg PA
CBHW060511170426
43199CB00011B/1402